沟通的艺术

回话的艺术

刘文华　编著

团结出版社
UNITY PRESS

图书在版编目（CIP）数据

回话的艺术 / 刘文华编著 . —— 北京：团结出版社，
2019.4（2023.11 重印）
（沟通的艺术）
ISBN 978-7-5126-6970-3

Ⅰ . ①回… Ⅱ . ①刘… Ⅲ . ①心理交往－语言艺术－
通俗读物 Ⅳ . ① C912.11-49

中国版本图书馆 CIP 数据核字（2019）第 082318 号

出　版：团结出版社
　　　　（北京市东城区东皇城根南街 84 号　邮编：100006）
电　话：（010）65228880　65244790（出版社）
　　　　（010）65238766　85113874　65133603（发行部）
　　　　（010）65133603（邮购）
网　址：http://www.tjpress.com
E - mail：zb65244790@vip.163.com
　　　　　tjcbsfxb@163.com（发行部邮购）
经　销：全国新华书店
印　刷：金世嘉元（唐山）印务有限公司

开　本：145mm×210mm　　32 开
印　张：6 印张
字　数：110 千字
版　次：2019 年 4 月　第 1 版
印　次：2023 年 11 月　第 2 次印刷

书　号：978-7-5126-6970-3
定　价：29.80 元
　　　　（版权所属，盗版必究）

前　言

　　人际交谈是一个双向沟通的过程，有问话，就有回话。交谈中，对方会时不时向你抛来一个难题，需要你解答，能不能接过对方的话头，天衣无缝地给出回答，直接决定了沟通的效果。

　　说话重要，回话更重要。不会说话，就不能准确地表达自己的思想，影响沟通的效果；而不会回话，沟通就会中断，无法继续进行下去。面对别人的提问，不少人回答起来要么不着边际，答非所问；要么支支吾吾，前言不搭后语；要么啰啰唆唆，回答起来没完没了；要么直言快语，疾言厉色，让人下不了台；要么不懂变通，授人以柄，受制于人，丧失沟通主动权。

　　曾经有两个面试者竞聘同一家公司，面试官问："你为什么想进本公司呢？"应聘者 A 回答："因为贵公司在业界拥有领先的市场占有率，福利待遇优厚，而且 MBA 还可以享有公司出资的留学待遇，公司的这些条件都非常有魅力。"应聘者 B："我想将贵公司的益智玩具推广到全国，使全国儿童的智力水平得到开发。"如果要在这两位应聘者中选出一位，面试官无疑会选 B。因为面试官问的是"你的志向"，而不是"你的要求"。

　　可以说，会不会回话，善不善于回话，不仅决定了沟通的质量，更决定了人生的成败。

　　回话看似是一项简单的活动，只要不是哑巴，每个人都会问话和回答。但是要把话回答得有水平、有意思、有效果，却不是那么简单的，而要做到口吐莲花、能言善辩，打动人心就更加不容易了。

回话能力的高低体现着一个人的内涵和素质。一个会回话的人，回答的话常常是说理切、举事赅；择辞善，喻世明；轻重有度，褒贬有节，进退有余地，游刃有空间；可陶冶他人之情操，也可为济世之良药；可以体现个人的雄才大略，更能提高个人的社会地位。因此，懂得如何回话，对一个人的人生成败是非常重要的。

本书引用了许多新的理论和观点来诠释回话的原理，并展示了不少鲜为人知的回话秘诀，旨在帮助读者深入认识回话的特征和作用，尽快提高自己的回话能力。通过本书，读者可以在短时间内学会各种回答技巧，极大地提升自己的回话能力，达到既要回答对、更要回答好、回答制胜的境地，从而游刃有余地应对种种重要、疑难、复杂的工作和生活问题，成为沟通的达人、交际的红人、事业的强者、生活的乐者。

目　录

第一章　回话的作用：是润滑油，如调味剂 / 1

回话有如润滑油 / 2

回话好比调味料 / 3

真诚回话被信任 / 5

将话题拉回轨道 / 7

强调说话内容的价值 / 8

巧妙回答，化险为夷 / 10

生动回话，获得成功 / 14

会回话才能办好事 / 16

第二章　回话看对象：看对人，回对话 / 19

因人而异来回话 / 20

注意对象的身份 / 23

如何回答领导得信任 / 25

如何应答同事有分寸 / 28

如何与陌生人交谈 / 31

巧妙回答，为爱情添把盐 / 35

如何应答老年人和小孩 / 40

投其所好，回得高妙 / 45

第三章　回话看场合：到什么山上唱什么歌／49

因地而异来回话／50

回话注意场合／54

人多的场合少回话／57

到什么山上唱什么歌／59

场合严肃，回话要谨慎／62

话题跑偏，更改地点／65

回话要入乡随俗／66

特定场所切忌乱回话／70

第四章　回话看时机：用心回答，回得适宜／73

智者选择回话时机／74

把握时机，达成目的／76

最佳时机，不可错过／78

不回废话，一语中的／80

抓住重点，回话有方／82

该说不时就说不／85

拒绝也要看时机／88

第五章　回话分曲直：随圆就方，巧妙应答／91

回话不要太直接／92

圆滑回话，学会拐弯／95

欲擒故纵，直话曲回／97

委婉回话巧办事／100

一句幽默话，化开三九冰／103

一语双关，含蓄回话／106

设置悬念，引人深入 / 109

善用比喻，生动回话 / 111

第六章　回话分轻重：响鼓不用重槌敲 / 113

蜻蜓点水，点到为止 / 114

硬话软说，回得高妙 / 116

有效回话，留有余地 / 119

回话要有的放矢 / 122

三思之后再开口 / 126

警惕祸从口出 / 129

第七章　回话分深浅：恰到好处，受人欢迎 / 133

回话深浅的艺术 / 134

回话要注意分寸 / 136

回话要步步深入 / 138

深话浅说，回得满意 / 141

回话要注意场合 / 143

正话反说，歪答正解 / 145

回话深浅有技巧 / 148

第八章　有效倾听，有效回答 / 151

懂得说，也要懂得听 / 152

洗耳恭听，恭敬回答 / 154

听得越多，越容易回答 / 156

让对方多说点 / 157

用一只耳朵，听自己说话 / 158

不可随意打断发问 / 160

用心倾听，适时插话 / 162

掌握倾听的技巧 / 164

第九章　非语言回话：神奇的肢体语言 / 169

肢体是怎么回话的 / 170

微笑架起友谊的桥梁 / 174

眼神回话，无声胜有声 / 177

触摸，一种无声的回答 / 180

善用手势，有效回答 / 182

第一章
回话的作用：是润滑油，如调味剂

听人说话，不可缺少的是回话。听者即使认真倾听对方说话，但没有适当的回话，说者也会觉得索然无味。像"嗯""是这样啊""不错"之类的回话，是比较常用的。回话不仅能提高对方说话的兴趣，也可改变单调的氛围。

不同的回话方式，其效果大不一样。例如，当上司叫你时，如果你只是轻声地应一声"诶"，会让上司觉得你不礼貌，而且缺少自信，不可肩负重任。如果你能精神抖擞、中气十足地回答"到!"或"在!"，那么上司会觉得你是个责任心非常强、很有魄力的人。

因此，我们在回话时必须认真谨慎，决不能漫不经心，敷衍了事。

回话有如润滑油

回话有如润滑油，能使谈话更加流畅。

或许你会发现，唱歌时有音乐伴奏似乎比清唱好听。至于谈话方面，如果说者是歌者，而听者是伴奏，那么伴奏的人可适当帮腔，使得说者能开怀献艺。

再看竞选各种领导，虽然助选的人不得在候选人发表演讲时发言，但在其他竞选活动时，却能宣传候选人的优点，如此对候选人的帮助颇大。

众所周知，说话是为正确传达本人意思给对方的手段。然而并非人人都"能言善道"，甚至有人说话结结巴巴的，别人根本听不清楚。这时，听者需加以帮助，使他能表达一切，这也属于回话的一种。交谈是双向沟通，并不只是说者的问题，如何引导说者表达清楚，是听者责无旁贷的事。

话虽如此，却不容易做到。某电视主持人在访谈中经常会自然地问："接下去呢？"或者"好有趣，然后呢？"由于他擅长把握时间，受访者自能畅谈一切。不可否认，有人如此喜欢他，是因为喜欢他的个性，不过这与他的回话也很有关系。

说者不见听者有所反应，谈话情绪会逐渐不安。没有帮腔的谈话，就好像是对无生命的墙壁发表演讲，令人感到没意思。电话答录机便是最好的例子。的确，这种机器虽然为我们带来许多方便，却也带来许多的抱怨，抱怨好比面对机器说话一般。交谈当然是双方都应该表达意见，若只有单方面反应，必然使得另一方感到忐忑不安。

所谓沟通，是说者与听者相互传达意思才能成立，只有说者说得口沫横飞，而听者则默默无言，便不能称为沟通。在交谈时营造气氛，让说者能安心地畅谈，这当然要借助回话的作用了。

回话好比调味料

回话好比是烹调时所加的调味料，具有画龙点睛之效。比如"为什么""真的""是吗""可是……"等，都可以加深谈话内容。

但如果回话太频繁，就会像加了过多胡椒粉的汤。反之，30分钟的谈话，仅仅回答一句"是这样的吗"，就会显得平淡无味。愉快的谈话，离不开恰到好处的回话，就好像精致可口的菜品加适量的调味料一样。

1. 回话宜配合谈话进展作变化

话虽如此，但并非人人都是烹调高手，一定能做出美味的佳肴。

只有回话仍显不足，还需配合谈话内容。否则任意使用"你说的对"或"原来如此"，恐怕对方会误以为遭人轻视。

因此，回话宜配合谈话进展作出变化。当对方说到伤心处，你应表现出同情，而对方谈得眉飞色舞，则须表示快乐。如这般随机应变的回话，可鼓励对方继续表达意见。换句话说，应注意对方谈话，视情形插嘴，提出问题或加以诱导，那么才能增进谈话的愉快程度。

2. 应避免说长议短的回话

三五好友聚在一起闲谈，难免会谈到别人。人的心理很奇怪，明知不是事实也会听得津津有味。

这对遭受批评的人来说，不论别人所言是对是错，同样都会感到困扰。因为这种批评往往是越描越黑，如此不仅会让当事人伤心，甚至名誉也破坏了。所以，应尽量避免说别人坏话。

虽然如此，但由于这种情形已经形成风气，很难不产生瓜葛。

这种谈话也能形成与人沟通的目的，要是一律不理会，反而会遭人非议，视你为说长议短的箭靶。

另一方面，这种谈话也会具有社交功能。保持立场，作适当的反应，有助于增进人际关系。

关于这点，可从一位食品厂推销员的经验感受出来。某天，他到一家超级市场推广新产品，双方谈成生意后，商场负责人答应扩大专柜以增加他的产品销售量。正要离开时，这个负责人突然提到另一家食品厂商的事。

"A公司投入的设备资金庞大，收益却不高。而且听说老板患有心脏病。对于这类摇摇欲坠的公司，我想将其列入拒绝往来户，或许下次你来时，他们的产品已不在这货架上。比较起来，还是贵公司的经营稳当。"

说完，这老板还不断强调他只是听说的。照老板所说，对那位推销员的公司似乎有利，所以很想发表意见，但随即改变主意，随口说："是啊，那就糟了。"然后以有事推辞，迅速离开了超级市场。

如此看来，那位推销员的确高人一等。假如他身为家庭主妇，与其他人闲聊，随便搭腔也不致发生问题。然而他有责任在身，对方若是顾客，则实在很难应付。如果说"我从不听闲话"，好比在责备对方。回答"你是从什么地方听来的"也会出差错。要是突然改变话题，又会使气氛变得尴尬。

那么，最妥善的方法就像他一样，轻轻松松听完后快溜。如果担心得罪对方而回话，很可能会背负造谣生非的罪名。

何况，有人常以这种方式评价听者，因此碰到这种情形需要特别谨慎。

真诚回话被信任

看那些厉害的主持人，不仅要知识丰富，擅长说话，还要扮演听众的角色，让在场的人都能在轻松愉快中说出心里的话，而回话是达到这个目标的有效方法。

比方说，在访问明星时，他们常常会比较夸张地回话："哦，原来你的星路历程如此坎坷!"以此激发对方的表达意愿。此外，也可以独特的笑声和语调，或作各种手势，引导对方进入状态。

如此配合对方的喜怒哀乐作适当反应，即使回话比较夸张，也无伤大雅。

不仅是主持人，我们平时与人交谈时，也需具备这种态度。当你得意地谈到自己过去很有趣味或很自豪的事时，要是对方比自己更高兴，或许你会觉得对方做作，但仍会雀跃不已，而想继续说下去。

听人说话的人表现得十分专注，从表情或动作中传达关注说者谈话的意思，说者必然是欣喜万分，对听者更加信任。

但话又说回来，听者需根据谈话内容作适当反应，不可连言不及义的谈话也表示感兴趣，那么就丧失交谈的意义了。

大部分被评为具有听话修养的人都了解回话的重要性，他们经常利用"原来如此"或"说的也是"等字眼来吸引对方说话。这种技巧对于增进人际关系有很大的帮助。

假如你是位业务员，因工作上的关系必须访问某公司的主管，万一该主管沉默寡言，很难导入正题，这时绝对不要焦躁不安，不妨配合对方说话的习惯，一步一步加以引导。

其实，口齿越不伶俐的人，越在乎对方回话的态度。如果你能清晰地表示自己的态度，鼓励对方勇于表达，并辅之以合适的肢体语言，就能引起对方共鸣。如此一来，必能使谈话流畅无比。

人的表情好比是想法的镜子。因此，往往需要用夸大的表情来满足对方，这样就可引导话题转向有利于自己的方向。当然，反应也不可以过于夸张，必须抱持尊重对方的态度。

听者对话题表示感兴趣，可能会引发说者的灵感，衍生出另一个话题。而表现出不了解，说者也会改变表达方式，以期听者能完全明白。所以，说者与听者之间相互的互动反应，可缩短彼此的心理距离，营造出畅所欲言的局面。

沟通其实并不困难，不管一对一或一对多数，都需双方相互确定反应而进行。听者的反应确能左右说者，太夸张的反应可能使对方冷场，而称赞过火或态度不礼貌，也都要避免。唯有态度坦诚，才能建立良好的沟通。

适当的回话可取信于对方，使对方肯表达一切，这才是高明的沟通技巧。

将话题拉回轨道

所谓回话，不是指简单地点头，或说"是""嗯"，而是要确定内容重点，配合对方的反应。假如谈话主题明确，就须在不破坏说者兴致的情况下加以引导。利用这种方式，可使谈话流畅，也可帮助说者尽快下结论，这正是回话最重要的作用。

特别是冗长的谈话，更容易产生问题。例如说者也搞不清自己所谈，而且越想确定越慌乱，结果更表达不清楚。这时，听者不妨表示："原来是这样的吗？"先确定谈话重点，再加以整理一番。

此外，有人需费一番口舌才能表明一件简单的事。这多半是因说者无法确定听者是否已经了解所造成的，以至于拉拉杂杂解释了半天，也没有掌握住重点。

有人完全不懂谈话技巧，不是短话长说，就是说些与主题无关的话题，甚至连陈年往事也牵扯上。这样的谈话枝叶太多，渐渐地就会脱离主题。因此听者须予以引导，使谈话步入"正轨"。

如此一来，即使造成对方一时语塞，只要说者能适时修正或抑制即可。这是听者的重要责任，也是听话技巧之一。但话说回来，不宜以强迫方式让说者张口结舌，使说者暂时停止说话，是为了拉回谈话主题。听者在注意说者是否离题或拖长之余，也需考虑整个谈话是否能够圆满。

听者固然需要掌握谈话，避免说者偏离主题，但话题略偏也不必计较，要是处处加以限制，反而使谈话内容乏味，并且也无法尽兴。

强调说话内容的价值

深知说话艺术的人，话题都特别丰富。而且，会配合听者的言行，使听者对自己所言深信不疑。当他们发现听者听得入神时，便巧妙应用回话之法，紧紧抓住听者的注意力，使得谈话顺利进行。

演说或工作报告等，都以说者单方面表达为主，直到结束前，听者都没有打断谈话的机会。由于听者无法在中途发表意见，只能以笑声、鼓掌或感动表示。

要是换成一对一的交谈，发生任何异议时，都可当场发表。比方说，上司在某次闲谈中提起："我学生时代对文学作品很感兴趣，像托尔斯泰的作品我大都已拜读过。但现在的学生，对这些著作似乎不感兴趣，的确令人惋惜。其他如《安娜·卡列尼娜》，也都值得一看再看。从中可学习许多人生道理。"

上司得意扬扬地畅谈往事。假如你只是点点头、轻描淡写一句："是吗？"上司对你的评价可能会大打折扣。但假如换成说："真的？那我待会儿立刻去购买托尔斯泰的书给我儿子看，或许可以改变他只喜欢刷抖音，不喜欢看书的习惯呢。"

如此这般回话，必能博取上司欢心。当然，也可以进一步说："经理，您刚才提到的是《安娜·卡列尼娜》？"同时从口袋中取出记事本记下，这样效果更佳。记下对方所言的行为，会使对方觉得十分愉悦。

由此可见，回话除了语言和表情外，还包括一些具体行为。这些具体行为不仅给予对方信心，同时也表示"你所说的一切都具有价值，值得向人推荐"。平时与人一对一交谈时，均须掌握此一原则。

听人说话时，要尊重对方是基本原则，而回话正是由这种人际关系所形成的。所谓尊重对方，就是指把谈话导向正途。只简单回答"是吗"根本无法达到这种目的。

如何让说者在谈话后获得满足，与听者的认同具有密切关系。

巧妙回答，化险为夷

1900 至 1909 年间，毕洛夫公爵担任德国首相，当时在位的是德国的最后的一个皇帝——威廉二世。

1908 年，威廉二世做了一件震惊世界的大事。他在英国发表了一个公开的声明，宣布他是唯一同英国人友好的德国人。他还为反对日本进攻的威胁建立了舰队，以拯救英国免受俄国和法国的欺凌，还有一些其他的内容。声明同时还在《每日电讯报》上发表。

在和平时期，作为一国之君居然会讲出这样的话，这让人们始料未及。一石激起千层浪，这个声明一发表，立刻激起了整个大陆人民的愤怒，人们一边倒地声讨威廉二世。公众的愤怒吓坏了威廉二世。他要求毕洛夫公爵为他承担罪过，让毕洛夫公爵宣布这一切都是他造成的，罪过不在自己身上。要毕洛夫公爵告诉人们，自己说的这番话，是来自于他的提议。面对威廉二世提出的这个要求，毕洛夫表示抗议，他说道："我不能想象，在德国和英国，谁会相信我会提出这样的建议。"

话一出口，毕洛夫立刻明白自己犯了一个大错误：这句话的潜意识就是威廉二世是个笨蛋。果然，威廉二世震怒了。他喊道"你以为我是头驴，像这样的错误，只有我会犯，而你却永远都不会犯？"

毕洛夫知道，面对愤怒的皇帝，自己要想办法平息皇帝心中的怒火。在皇帝批评过他以后，毕洛夫开始称颂皇帝，这样的做法取得了很好的效果。他说："陛下的水平，臣望尘莫及。陛下，您不仅在军事上、航海事业上有很高的造诣，而且在自然科学方面，您也高我一筹。陛下，每当您谈到风雨表或电话或 X 射线时，我都不懂，只能洗耳恭听，心中对陛下钦佩不已。在这些问题上我是外行，没有一点化学和物理知识。"毕洛夫接着说："但是，我有一点历史知识，也许在政治上，特别是在外交方面，说不定会有一些用处。"

听了毕洛夫这番话，威廉二世的气也渐渐消了。毕洛夫贬低自己，抬高皇帝的做法，让威廉二世原谅了他的大不敬。威廉二世对毕洛夫说道："我不是总跟你说吗，以前，我们互相配合，共同进步。以后，我们也应该互相支持才对。"

在他们谈话的过程中，威廉二世几次握毕洛夫的手。后来，他攥着拳头宣布："如果谁对我说反对毕洛夫的话，我会毫不犹豫地给他一个耳光。"

在说错了话，皇帝龙颜大怒，即将惹祸上身的情况下，毕洛夫用巧妙的回答挽救了自己。他坦诚地承认了自己的错误，又进一步抬高了皇帝，把皇帝夸得心花怒放，从而避免了一场灾难的发生。

在生活中，我们总会有求人办事的时候。在对别人提出请求时，也应该谨记这一点，如果想让自己的目的达到，让对方按自己的意图办事，就必须先承认自己的错误，唯有如此，对方心理才会产生一种平衡感，才会帮你的忙。

有一天，卡耐基正带着他的宠物狗雷斯在公园散步，迎面走过来一位骑马的警察。

看到卡耐基牵着一条小狗，警察上前对着他训斥道："你为什么让你的狗跑来跑去，而不给它系上链子或戴上口罩？难道你不知道这是违法的吗？"

卡耐基回答道："是的，我承认这样做不对，但是我认为它不会在这儿咬人。"

"你这么认为！法律是不管你怎么认为的。在这儿，它可能会咬死松鼠，或咬伤小孩子。这一次也就算了，我不再追究，但假如下回我再看到这只狗没有系上链子或套上口罩，你就去跟法官先生解释吧。"

卡耐基照着他说的，客客气气地答应了。

但是，雷斯好像不喜欢戴口罩，卡耐基也不喜欢看它戴上口罩的样子，因此决定碰碰运气。起初事情很顺利，但是，没过多长时间，麻烦就来了。一天下午，他们在一座小山坡上赛跑时，又遇到了另一位警察。

这一次，卡耐基没有等警察开口就先发制人。他说："警官先生，这下你当场逮到我了，我有罪。我没有托词，没有任何借口了。上个星期，有一位警察警告过我，若是再带小狗出来而不替它戴口罩就要对我进行处罚了。"

警察回答："好说，好说，我知道没有人的时候，谁都忍不住要带这么一条小狗出来玩玩。"

卡耐基回答："是这样的，的确是忍不住，但这是违法的。"

警察反而为他开脱："像这样的小狗大概不会咬伤别人吧。"

卡耐基说："不，它可能会咬死松鼠。"

他告诉卡耐基："你大概把事情看得太严重了，我们这么办吧，你只要让它跑过小山，到我看不到的地方，这件事情也就算了。"

发生过这件事之后，卡耐基在心中感叹：那位警察也是一个普通的人，他要的是一种重要人物的感觉；他对自己的责怪，能够表现他的威严。而自己的"唯命是从"，能够让他的虚荣心得到满足。在处理这件事情的时候，卡耐基所采用的方法是不和他发生正面交锋，承认对方绝对没错，自己绝对错了，并爽快地、坦白地、热诚地承认这点。这件事情就这样在和谐的气氛下得到了解决。

每一个人都有被人指责的可能。当你受到别人指责时，不妨以先发制人的方式先数落自己一番。因为人的心理是很特别的，当对方发觉你主动承认错误时，便不好再对你进行过多的指责。如果一开始你就回答"我说这些话可能有点鲁莽""我这可能是无理的要求"或"我说的话虽是过分点"，这个时候，即使你回答的话确实令对方感到厌烦，对方也不会因为这些而当面指责你。如果反复使用，更能加强效果，使对方轻易地听完你的要求，并接受你的意见。

生活中，当我们面对别人的责问时，最好的办法就是自己主动承认错误。先发制人，别人也不好意思继续责怪你。这样的方法比你为自己的错误辩解，非要和别人争个输赢，效果要好很多。同时，这也是个求人办事的好方法。

生动回话，获得成功

在日常交谈中，如果要想获得一个好的人缘，不妨在回答时多赞美别人。有时候给人一个超乎事实的美名，就会像用"灰姑娘"故事里的仙棒一样，点在谁身上，就会使谁从头到脚焕然一新。

你如果想要在某方面改变一个人，就把他看成已经具备这种杰出的特质。莎翁曾说："假如他们没有一种德行，给他们一个好的名声来作为努力的方向，他们就会痛改前非，努力向上，而不愿看到你的希望破灭。"

袁世凯窃取了中华民国临时大总统的权力之后，每天都在做着皇帝的美梦。

有一天，他正在睡觉的时候，一个丫鬟端着参汤进来，一不小心脚下一滑，碗摔在地上，汤也洒了一地。睡得正香的袁世凯被器皿打碎的声音惊醒过来。

当他发现自己珍贵的玉碗被家里的下人打得粉碎时，禁不住勃然大怒。

"你犯了杀身之祸，今天非要了你的命不可！"袁世凯气急败坏地冲婢女喊道。

"不是小人之过，"这位婢女哭着回答道，"小人有下情不敢上达。"

"有什么话？快说！"袁世凯追问。

"小人用玉碗端参汤进来的时候，发现床上躺着的不是大总统。"婢女冷静地回答。

"混账东西！床上不是我，那能是谁？"袁世凯怒骂道。

"我说，床上……床上……"婢女下跪，回答说，"床上躺着的是一条五爪大金龙！"

袁世凯一听立刻喜笑颜开，真以为自己是真龙转世，高兴地拿起一沓钞票让这位婢女压压惊。

在对话的过程中，要想获得良好的效果，就要懂得给别人一个好的名誉，也就是送他一个虚名，对方为了保住这个虚名，就会按照你的意愿行事。

一位本科毕业的大学生去一家公司应聘，人事经理对他说："你的表现虽然很不错，但是我们想招一个研究生，本科生我们暂时不予考虑。不好意思，你请回吧。"这位学生故作依依不舍状，动情地回答说："各位老师能给我这次面试的机会，我非常感谢。我非常非常想加入贵公司，贵公司产品在国内市场上具有很大的知名度，新产品已经进入国际市场，前途无量。假若我能有幸成为贵公司的一员，我会感到无比自豪的。虽然无缘参与你们的朝阳事业，但我仍然衷心祝愿贵公司在事业上能够更上一层楼。"第二天，该学生就接到那家公司的来电，告知他，他已经通过了公司的面试，被正式录用了。

每个人都希望自己留在别人心中的印象是美好的，不论是穷人、富人或者是街头乞丐。恰当而生动的回话，可以替你解围，更可以助你成功。

会回话才能办好事

生活中，养过宠物的人都知道，安抚宠物时最正确的方法就是顺着毛轻轻抚摩，每当主人做这个动作的时候，宠物就会发出满足的叫声，越发地黏着你。人也是这样，喜欢听顺耳的话。

在交谈的过程中，如果有意识地运用语言刺激对方的自尊心和荣誉心，就会让对方从自我压抑中解脱出来，从而产生新的兴奋。对于性格倔强又好强的人，这种方法尤其有效果。

在与人相处的时候，如果你的想法和对方的想法背道而驰，你希望能够说服对方，但对方又是个犟驴，这时候你回答的话就要讲究方法了。你绝对不能说出你的真实目的，犟驴如果发脾气了，你就要吃不了兜着走了。你必须隐藏你的真实目的，用话语感染对方，让对方在不知不觉中放弃自己的见解，接受你的意见。

齐国国君下令修筑新城的城墙，规定期限是 15 天完工。大臣弘毅负责主管此事。有一个县没有在规定时间内完成，而是拖延了两天，弘毅就逮捕了这个县的主管，将其关了起来。这位主管的儿子设法解救父亲，就找到管理疆界的官员子高，让子高去替父亲求情。子高答应了这件事。

一天，子高在路上碰见了弘毅，他并没有直接提及为那位主管求情的事，而是和弘毅一同登上城墙，故意左右张望，然后说："这墙修得太漂亮了，真算得上是一件了不起的工程。工程这样大，并且整个工程结束后又未曾处罚过一个人，这确实让人敬佩不已啊。不过，我听说大人将一个县里主管工程的官员叫来审查，我看大可不必，整个工程修建得这样好，出现一点小小的纰漏是不足为奇的，又何必为这点小事影响您的功劳呢。"

弘毅听了子高这一番肯定他工作的话语，心中甚是高兴，又觉得子高的见解也在情理之中，于是便把那个官员给放了。

这个故事中的官员之所以能够获免，都是因为子高一番高明的话语。子高先给予对方真诚的赞扬，然后就事论事，深得要领，不得不令人拍案叫绝。其实，一般人都存在着顺承心理和斥异心理，对那些符合自己心意的事就容易接受，而对那些违逆自己心意的事就不容易接受。因此，在交谈的过程中，应该要注意这个问题。

新中国成立之后，陈毅担任了上海市的第一任市长。由于受到长期战争的摧残，再加上西方社会的制裁和封锁，当时的上海面临着严重的困难：青霉素等以前依靠进口的医药用品出现了严重短缺。面对这一情况，陈毅想请当时上海一位很有名望的化学家齐仰之先生"出山"，凭借自身的力量制造青霉素。但这位齐老先生是一位典型的理工科学者，长期远离政治，痛恨官场的腐败。在国民党统治时期，政府多次请他"出山"都被他婉言谢绝。陈毅先后派了几位同志去请他，结果都无功而返。为此，陈毅决定亲自上门拜访，以求对方答应。

来到齐仰之先生的住处之后，陈毅并没有谈及青霉素，也没有提请他"出山"的事，而是饶有兴趣地和这位化学家谈起了化学和化工。说到自己的老本行，齐仰之一下就来了兴趣。他心中暗想，没想到这位赫赫有名的大将军不仅能打仗、能当官，还懂化学。就这样，双方迅速找到了共同的兴趣点，相谈甚欢。在愉快的交谈中，一小时的时间很快就过去了，陈毅的心里已经知道了该如何去说才能赢得齐老先生的同意，只见他站起来对齐仰之先生说："齐老先生，今天打搅您不少时间，改天我再登门拜访。下一次，我还要和您谈化学，而且要谈一门您不熟悉的化学。"齐仰之想：我研究了一辈子化学，什么化学我不知道，还有我不熟悉的？于是，无论如何都不放陈毅走，说："别下次了，咱们现在就开始谈，谈到天亮都行!"陈毅接着说:"您研究的是自然界的化学,我要谈的是我们共产党的化学,叫作社会变化之学。"

抓住了这一时机,陈毅痛批国民党的弊病,陈述共产党的主张,比较新旧社会的变化,畅谈建设新上海的构想。就这样,双方越谈越亲,越谈越近。最后,陈毅再和盘托出此行的目的,说:"您以前不愿意出来做事,那是在腐败的旧社会。今天,我们请您出来做的是利国利民的好事,请您看在老百姓的份上,帮帮我们吧!"这番真心实意的话终于打动了齐仰之,他爽快地答应帮助政府生产青霉素。

上述事例中我们可以发现,陈毅在交谈的过程中,表现出了高超的回话技巧和卓越的回话能力,对我们回答别人的问话有着极其重要的借鉴意义。

第二章
回话看对象：看对人，回对话

　　射箭要看靶子，弹琴要看听众。回话要根据对方的身份、职业、经历、文化教养、思想、性格、处境、心情等，采取不同的策略，从而达到交流的目的。

因人而异来回话

生活中，我们在和别人交谈时，要清楚听话人的特征，要注意听话人的性别、性格、文化程度、文化背景、心理状态等因素。如果不了解这些，而是自顾自地乱说一气，就会给自己带来不必要的麻烦，甚至还会惹上杀身之祸。

古代有一个国王，有一天晚上他做了一个梦，梦到自己满嘴的牙都掉了。第二天，他找了两个人来给自己解梦。这两人来了之后，国王就说："我昨天晚上梦见自己满口的牙都掉了，这到底是怎么一回事呢？"第一个解梦的人说："至高无上的主啊，这个梦的意思是，在您所有的亲属中，您将是最长寿的一个。"皇上一听，非常高兴，重重赏赐了这个人。第二个解梦人进来，皇帝又问了他一样的话。第二个解梦人说："皇上，这个梦的意思是，在您所有的亲属都死去之后，您才会死，一个都不剩。"皇上一听，龙颜大怒，让人把这个人拉出去重责五十棍。

同样的事情，同样的内容，为什么一个挨打，一个得赏？其实，这都是因为口才的原因。好口才是命运的助推器，可以化解人生危机，摆脱困境。

在人际交往中，要想做一个受欢迎的人，在说话的时候就要注意：说话要讲究艺术，说话要得体，也就是要把话说得适时、适地、适情。话是对人讲的，所以说话要注意"因人而言"，要看对象说话。这也就是俗话所说的，到什么山唱什么歌，见什么人说什么话。因为这样谈话会更具有针对性，容易引起共鸣。有一个名词叫"职场语言学"，就是教人在工作时如何说话，针对不同的人要说不同的话。运用"职场语言学"中所学的语言艺术，可以让你在公司里说话受到同事的欢迎，至少不会因为说话不当而被炒鱿鱼。

在很多地方和场合说话都要注意自己的语言艺术，这确实是十分重要的。掌握人际交往中的语言艺术并不是一件坏事，它并不是使人变得油嘴滑舌，而是让你学会如何与别人交往。之所以说话要看对象，是因为说话总是双向的，不论是在公共场合发表演讲，还是和朋友或者刚刚认识的人随意交谈，除了说话人之外，还有听话人。所以，说话人要看对象说话，从对象的不同特点出发，说不同的话，而不能随心所欲，想说什么就说什么，创造一种和谐、融洽的气氛，才能达到交谈的目的。

在交谈中，注意对象的身份是十分重要的，忽视这一点，往往会引起别人的反感，甚至可能造成不必要的矛盾。

对家人，以及亲朋好友，说话的方式要因人而异，所说对象不同，方式就不一样。李密的《陈情表》写得催人泪下，但不少人觉得李密这人不厚道，如果真的是这么有孝心的人，干吗用那么多的语言说自己多么凄惨，祖母多么悲凉？这篇文章之所以要这么写，是因为看这篇表的人是司马炎。司马炎是篡位之君，本就名不正言不顺，再者，蜀国的很多将士并不是真心归顺，他几次要求李密做官而被拒绝，所以心生疑惑。再加上司马炎疑心十分重，如果李密这次上表不够煽情是会被处死的，所以文章写得过于深情就可以理解了。换言之，如果李密是给诸葛亮或者刘备上表，这样写的话就不合适了。可见，说话不看人，必然词不达意，说了也是白说。

如果对对方非常熟悉，说话时自然会注意到不同特点，这自然不用再多言。然而对于初次相识的人，就不那么容易了。我们很容易看出来对方的性别、年龄，但是身份、职业、文化修养等，则必须通过语言交谈才能了解。因此，与陌生人见面，首先要做的不是急于说什么，而是先听对方的话语。如果对方彬彬有礼，你也应该文雅、和气、谦逊；如果对方说话很坦诚，你也应该实在，想到什么就说出来，不要拐弯抹角。总之要在了解对象的基础上，说出合适的、有礼貌的话。

现在有人说话口无遮拦，甚至不经思考就脱口而出，这样的话显得很没有内涵。说话不看对象、不分场合经常会给自己招来祸患，或者是埋下祸根。口无遮拦乱说一通给自己带来的只能是"痛苦"，而不会是"快乐"。

注意对象的身份

我国古代有一个"对牛弹琴"的故事，讲的就是说话不看对象，说了也是白说。即使你琴艺再高超，牛听不懂，又有什么用呢？

人上一百，种种色色。我们回话一定要了解听话者的身份、年龄、职业、爱好、文化修养等诸多方面的情况，只有这样，我们的回话才有意义，才能达到预期的目的。

说话的时候不注意对方的身份，有时候还会招惹不必要的麻烦，让自己和别人陷入尴尬的境地。电视剧《二子开店》中有这样一个场面：全店进行微笑服务训练，只有老魁笑不出来。小豆说道："经理说了，不管出了什么事都得笑，就是他亲爹死了，也得笑。"老魁一听，急了："什么？那我就更笑不出来了！他亲爹死了，我再笑，那不成了诈尸了！"老魁是经理的父亲，听了小豆的话，怎能不急？怎能不发火？小豆说话不看对象，造成了这样一种难堪的局面。

说话时不仅要看对方的身份，还要看对方的年龄，这也是说话时不可忽视的因素。比如在问别人岁数的时候，对不同年龄段的人就要使用不同的问法：

问小孩："你几岁了？"

问同龄人："你多大了？"

问比自己大的中年人："您多大年纪了？"

问七八十岁老人："您高寿？"

对不同的人使用不同的问法，才能达到问话的目的。因此，生活中我们在说话的时候，要看对象，对不同的人使用不同的语气。比如对孩子或者同龄人说话，语气要坦诚、亲切；对老年人或者自己的师长，语气要尊重，让他们感觉到你是有教养、懂礼貌的晚辈。

　　孔子曾经说："可与言而不与之言，失人。不可与言而与之言，失言。知者不失人，亦不失言。""失人"可以理解为失去了能说话的对象；"失言"可以理解为这次说话本身就不对，也包括选错了说话对象。要做到两"不失"，就要在适当的地点、适当的时间、适当的语境，对适当的人说适当的话。

如何回答领导得信任

现实生活中，我们常常会看到这样的情况：在同一个公司上班的人，付出的勤奋努力相差无几，有些人很受领导的赏识，很快脱颖而出，有些人却备受冷落。因为前者明白，勤恳努力很重要，但让领导关注到自己的所有努力更重要。在职场中，做事能力差不多的两个人，语言表达能力不好的那一位，升迁机会往往要比那个既会办事又会说话的人少得多。而在说话能力中，回话能力是重中之重。对领导回话要言简意赅、把握分寸、顾全大体。

王雨年轻干练、活泼开朗，入行还没几年，职位就"噌噌"地往上升，很快就成了公司里的主力干将。几天前，新老板走马上任，刚刚上班，就把王雨叫了过去，说："王雨，你经验丰富，能力又强，这里有个新项目，你就多费心盯一盯吧！"

受到新老板的器重，王雨内心窃喜不已。恰好这天要去无锡某周边城市谈判，王雨一合计，一行好几个人，坐公交车不方便，人也受累，会影响谈判效果；打车吧，一辆车坐不下，两辆车费用又太高；还是包一辆车好，经济又实惠。

主意定了，王雨却没有直接去办理。几年的职场生涯让她懂得，遇事向老板汇报一声是绝对必要的。

于是，王雨找到老板，说："老板，我觉得……"她把几种方案的利弊分析了一番，接着说，"所以呢，我决定包一辆车去！"

汇报完毕，王雨发现老板的脸不知道什么时候黑了下来。他生硬地说："是吗？可是我认为这个方案不太好，你们还是买票坐长途车去吧！"王雨愣住了，她万万没想到，一个如此合情合理的建议竟然被打了"回票"。她实在想不通，完全没道理呀，傻瓜都能看出来第三个方案是最佳的。

王雨凡事多向老板汇报的意识是很可贵的，错就错在措辞不当。王雨说的是："我决定包一辆车！"在老板面前，说"我决定如何如何"是最犯忌讳的。

如果王雨能这样说：老板，现在我们有三个选择，各有利弊。我个人认为包车比较可行，但我做不了主，您经验丰富，帮我做个决定行吗？老板听到这样的话，绝对会做个顺水人情，答应你的请求，这样岂不两全其美？

在工作中，谁都有可能在领导面前说错话，虽然偶尔说错话也不至于失去工作，但后果却是很糟糕的。如何跟自己的领导说话，是人际关系中一门重要的学问，如果你能很好地把握与领导说话的火候，拿捏好说话的分寸，你的事业就会一帆风顺。领导毕竟不像一般同事，更何况与一般同事说话也应该注意分寸，不能太无所顾忌。

那么，如果在领导面前一不小心说错了话，该如何采取补救措施呢？在领导面前说错了话，一旦反应过来，就要立即打住，并马上道歉。千万不要因为害怕而回避，应该面对事实，尊重对方，必要时还可以再进行说明。说明时一定要清楚明了，针对事情本身，而不必要的辩解只会将事情越描越黑。

在和领导说话的时候，一定要注意措辞。像"无所谓，怎么样都行"这样的话会给领导留下感情冷漠，不懂礼貌的印象，少说为好。"您怎么还不清楚？"这句话就算是对关系很要好的朋友来说，也会造成很大的伤害。如果对领导说这样的话，那后果当然就会更加严重了。"辛苦了！"这句话本来应该是上级对下级表示慰问或犒劳时说的，如果你对领导这样说，似乎不太合适。"太晚了！"这句话的意思是嫌领导动作太慢，以至于快要误事了。在领导听来，肯定有"干吗不早点"的责备意味。"这事不好办！"领导分配工作任务下来，而你却说"不好办"，一方面说明自己在推卸责任，另一方面也会让领导没有面子。"您真让我感动！"其实，"感动"一词是领导对下级说的。比如，"你们工作认真负责，不怕吃苦，我很感动。"而下级对上级用"感动"一词，就不太恰当了。尊重领导，你应该说"佩服"。比如，"经理，我们都很佩服您的果断！"另外，过度客气有时反而会招致误解。和领导说话应该小心谨慎、把握分寸、顾全大体。

如何应答同事有分寸

在工作中，我们若想寻求同事的帮助，要善于找到合适的理由，使对方在心理上愿意接受。

身在职场，我们必须面对复杂的人际关系网络，同事之间既互相依赖又互相竞争，才能实现自己的目标。在既矛盾又统一的合作背景下，与同事说话，就必须开诚布公、相互尊重，同时要注意说话技巧，要选择合适的方式，使大家和睦相处，和谐共事。

同事之间交流最多的是工作。为了工作，有争议也很正常，不过要注意，别把"争议"演变成"争吵"。聪明的人知道发脾气是最愚蠢的作为，因为这不但不能解决问题，反而会使自己成为办公室里的"刺猬"。面对争议，绵里藏针、以柔克刚是聪明人的做法，这样既不会伤和气，又能达到共同的目的。失去理智的吵闹，甚至用言语攻击对方的做法是缺乏修养的表现。与同事讨论工作的原则是，针对事情而不针对人；要用无可辩驳的事实从容镇定地说服对方。

同事相处难免会产生误会，巧妙地化解这些摩擦，也是一项重要的本领。和同事产生误会后，你首先要做的不是为自己辩解，而是真诚地向对方表明心迹，找到问题的症结，及时解决。在摩擦的端口上，每个人都会有抵触情绪，这时解释往往越描越黑，容易起到反作用，在必要的时候可以请别人帮忙调和。

同事间的误会，很多是一时的口无遮拦引起的。与同事相处，首先要注意自身的言行，避免因为口误造成不愉快。如果不小心说话伤了人，一定要及时纠正，避免对方难堪，以至于产生隔阂。当然，办公室也会有些尖酸刻薄之人。我们遇到这种人，不要以硬碰硬，而要巧妙地运用智慧予以反击，不动声色地惩罚他们，这更能体现你的修养和气度。

有的人喜欢对同事评头论足，这是不成熟的表现，因为每个人都有自己的原则，对别人指手画脚会招来同事的厌烦。搬弄是非、胡说八道更不可取，这样的行为不仅不利于团结，而且会严重影响工作的顺利进行。我们要在办公室里营造和睦的气氛。

与同事相处，话太少不行，人家会认为你不合群、孤僻、不善交往；话多了也不行，容易让别人反感，而且也容易让别人误解，认定你是个乌鸦嘴。所以，说话一定要讲分寸，该说的，一定要说，说得到位；不该说的，一定不说，要恰到好处，适时打住。

不管同事怎样冒犯你，或者你们之间产生什么矛盾，都要"得饶人处且饶人"，多一句，不如少一句，凡事能够忍让一点，日后你有什么差错，同事也不会做得太过分，不至于推你走向绝境。

当你偶然发现某位跟你十分投契的同事，竟然在你背后四处散播谣言，数落你的不是和缺点，这时你才猛然觉醒，原来平日的喜眉笑目，完全是对方的表面文章。你会痛心地想，跟他一刀两断吧，然而，大家是同事关系，你若摆出绝交态度，一定会吃亏。别人会以为你主动跟他反目成仇，问题必然出在你身上，这无形中给对方一个借口去伤害你，这样做就太不理智了。更何况，你俩还有合作机会，上司最不喜欢下属因私事交恶而影响工作。所以，你应该冷静地面对，千万别说出过火的话来，这样对谁都不利。

"谁人背后无人说，谁人背后不说人。"这话虽然说得有些绝对，却也说明了一个道理，那就是，大多数人都多多少少地在背后说过别人，只是所说的是好话还是坏话就无从考证了。不过有一点，经常在背后说别人坏话的人，肯定不会是受欢迎的人。

凡是有点头脑的人，都会自然而然地这么想：这次你在我面前说别人的坏话，下次你就有可能在别人面前说我的坏话。这样一来，你给别人的印象就不可能好到哪里去。

在职场中，常常会遇到别人在你面前说另一个人的坏话，对此，你就得端正态度，用辩证的思维去考虑这种情况，把握好应对的分寸。

如何与陌生人交谈

很多人在和陌生人交谈时，总是感觉如临大敌一般，羞怯、紧张、局促、手足无措，甚至连挤两句应酬话也生涩，平日的伶牙俐齿、妙语连珠也不知躲到哪里去了。可是，在这个缤纷的社会，不愿、不会、不能与陌生人打交道，如何生存？何况，和陌生人交谈正是克服胆怯心理、提高说话的最佳方法。

首先，和陌生人交谈可以体现和加强一个人的自信。心理学实验表明，人类特性的分布都有一个规律：特别好和特别差的人各只占2%左右，中间水平的占95%。也就是说绝大多数的人水平都是差不多的，都是正常水平。和正常的陌生人进行一次交谈，能让我们接收到新信息，也能验证我们对人性的一些看法，还能感受到人与人之间的热情、信任，这些良性的结果必定会增强一个人生活的信心。

其次，和陌生人交谈，还能体现个人独立性，有助于人格发展。大家都明白，和熟人打交道，说话的方式依附于社会关系，服从说话人的身份，很多时候并非是个人独立意志的表达。和陌生人说话则不一样，互相之间常常作为独立的个体交往，彼此没有切身的利益关系，双方见到的都只是眼前的这个人，不会特殊关照也不会有什么成见，相对客观、平等，这种完全对等的关系，对一个人的人格成长是很有帮助的。

第三，和陌生人交谈，更能锻炼说话和人际沟通艺术。熟人之间，彼此都很了解，不会很注意说话的方式和方法。而陌生人之间的交往从零开始，需要有意识地运用沟通技巧来建立关系，多次下来，人际沟通能力和说话能力就会得到提高。

如果我们因为害怕和陌生人交谈而躲着、藏着，那只会永远没有什么出息，惧怕、不敢当众说话的"病症"也只会越来越重。所以，我们应该"逼"着自己多与陌生人交谈，训练自己与陌生人说话的技巧，培养自己胆大、能言善辩等能力，以更好地在社会中立足。

李力的妈妈是这样训练孩子与陌生人打交道的能力的——

儿子刚刚学会说话的时候，她就尽力在任何能够和他人交流的时候，让他先开口说话。

首先，每天刚出门的时候，不管碰到什么人，李力的妈妈都让李力主动打招呼。比如碰到一个女性老年人，妈妈会示意孩子："儿子，说奶奶好!"如果碰到的是男性老年人，就告诉孩子："儿子，说爷爷好!"其他不同年龄的人依此类推。慢慢地，李力每当遇到这种场合就会马上微笑着和人家打招呼，每个被李力打招呼的人都热情地对他说："小朋友好!"并且还表扬他很懂事，这样，李力就养成了跟别人有礼貌地打招呼的好习惯。

李力的妈妈为了更好地锻炼孩子与陌生人打交道的能力，还经常带着李力到朋友家做客。在朋友的家里，李力的妈妈教儿子该如何懂事礼貌地做客，教儿子和朋友家里不同的人交流和谈话。

在妈妈有意识地培养和训练下，李力上幼儿园时，说话的技巧就很强。有一次，老师为了了解孩子与陌生人交流的能力，特地请了小区里的一个年轻叔叔来幼儿园里做测试。轮到李力的时候，那个陌生叔叔说："小朋友你真可爱，来吃块巧克力。你妈妈今天加班，她让我替她来接你。"

李力听了，微笑地回答道："谢谢叔叔，可是我不认识您，不能随便吃您的东西，我们还是去问问老师吧。"躲在旁边听他们对话的老师频频点头。之后，幼儿园的老师表扬了李力，还夸李力的妈妈教育得好。

　　李力上小学以后，成了班级中最会和同学和老师交流的人，同学们有什么问题总会跟他说，让他帮忙解决。

　　可见，硬着头皮与陌生人交谈、打交道的能力非常重要。一个人只有学会了与陌生人打交道，才能在以后的生活中更好地与人交往，提高自己的说话技巧。

　　与陌生人交谈要注意技巧。这样，才会让你事半功倍。

　　第一，寻找能让对方产生共鸣的话题，"粘"住对方。俗话说，"物以类聚，人以群分"，每个人的社交圈，其实都是以自己为圆点，以共同点（年龄、爱好、经历、知识层次等）为半径构成的无数同心圆，共同点越多，圆与圆之间重叠的面积越大，共同语言也就越多，也最容易引起对方的共鸣。共同之处包括彼此共同的专业、工作、家乡、熟人、兴趣、爱好等。因此，在与对方搭讪时，一定要留意共同点，并不断把共同点扩大，这样对方谈起来才会兴致勃勃，谈话才会深入持久。

　　第二，多谈对方关心的事情。人们最关心的是自己，这是人类最普遍的心理现象。因此，你必须谈对方所关心的，这样，对方会认为你很关心体贴他。

　　第三，态度要谦逊、低调。有的人各方面条件确实不错，但为什么常常在与别人搭讪时遭到冷语，自讨没趣？关键就是这些人摆出一副高高在上的姿态。谈起事情来眉飞色舞、夸夸其谈，这是令人讨厌的。一般而言，那些经历坎坷、屡遭不幸，最终通过自己的努力而获得成功的人，最能赢得别人的好感。因此，政治家或明星为了赢得支持，往往再三渲染自己童年遭受的不幸和为了取得成功付出的巨大努力，这是一种明智的交际技巧。所以，在与陌生的人交谈时，不妨多谈昔日的坎坷、拼搏的历程，这样往往容易唤起对方的好感和钦佩。

　　第四，策划"偶然"事件。有时，你可能没有机会和陌生的意中人接触，更谈不上搭讪，在这样的情况下，你不妨给自己"制造"一个机会。

一个星期六的下午，一位穿着得体、长相英俊的小伙子手捧一束玫瑰，礼貌地敲着一间公寓的门。公寓的主人是联邦德国外交部年轻女秘书凯因斯，打开门后，她面对这位不速之客竟有些不知所措。男士连连道歉："不好意思，我敲错了门，请原谅。"然后，他接着说："请收下这束花，作为我打扰你的补偿。"凯因斯盛情难却，收下了花，并把小伙子邀请进屋。这个"误会"其实是小伙子精心策划的。

"众里寻他千百度，蓦然回首，那人却在灯火阑珊处。"许多时候，在不经之间，你也许能遇上让你怦然心跳的异性。这时，不要因为你羞于开口或者支支吾吾而就此错过一段好姻缘。只要你克服恐惧的心理，并且掌握一些交谈技巧，也许就能开始一段美好的感情。

巧妙回答，为爱情添把盐

生命是一朵花，爱情是花的蜜，而说说笑笑则是采花酿蜜的蜜蜂。

爱是男女之间的感情交汇。男人和女人是这个世界上最奇妙的存在。怪不得英国著名小说家夏洛蒂·勃朗特说："男人是太阳，女人是月亮。太阳和月亮的光糅在一起，就会组成一个美妙的世界。"

但劳伦斯也说过一句话，徜徉在爱情这个美妙世界里的人有必要记住："世俗生活中最有价值的就是幽默感。作为世俗生活的一部分，爱情生活也需要幽默感。过分的激情或过度的严肃都是错误的，两者都不能持久。"这就是说，如果夫妻两人或一个完整的家庭缺少说说笑笑的快乐，这样的婚姻或家庭是不会幸福的。

如果爱情乏了味，我们就得给爱情加把盐。学会开开心心地说说笑笑，就是那把能调出美味的盐。

如何为爱情添一把盐？我们首先要明白，大多时候，女人往往是家庭的统治者，即使她没有在事实上统治家庭，那也要在外表上看起来是这样，以满足她们的统治欲和虚荣心。哪怕是伟人的夫人也不例外。

请看：

一次宴会上，林肯和他的夫人面对面坐着。林肯的一只手在桌上来回移动，两个手指头向着他夫人的方向弯曲。

旁人对此十分好奇，就问林肯夫人："您丈夫为何这样若有所思地看着您？他弯曲的手指，来回移动又是什么意思呢？"

"那很明显，"林肯夫人答道，"离家前我俩发生了小小的争吵，现在他正在向我承认那是他的过错，那两个弯曲的手指表示他正跪着双膝向我道歉呢。"

还有一则故事:

彼得在当匹兹堡市市长的时候,一天,他和妻子兰茜去视察一处建筑工地,一个建筑工人冲着他们叫起来:"兰茜,你还记得我吗?读高中的时候,我们常常约会呢!"

事后,彼得嘲弄地说:"嫁给我算你运气好,你本来该是建筑工人的老婆,而不是市长夫人。"

兰茜反唇相讥道:"你应该庆幸跟我结了婚,要不然,匹兹堡市的市长就是他了。"

女人即使不能统治家庭,也会特别关注自己在丈夫心目中的地位,用各种语言来试探"你爱我吗",却常常遇到男人机智而幽默的回答。

妻子:"我和你结婚,你猜有几个男人在失望呢?"

丈夫:"大概只有我一个人罢?"

在现实生活中,怕老婆对男人来说是件不光彩的事,常常被朋友或同事视作笑料。而在社交中有些人却能巧妙地调侃自己,树立自己可爱的形象。因此,"怕老婆"这一主题常能演绎出许多笑话。

某新婚夫妇,洞房内贴有家规,上面写着:第一条:太太永远是对的。第二条:如果太太错了,请参阅第一条。

又如下面这段夫妻对话:

妻子:"你在外面很少喝酒,为何在家里拼命地喝呢?"

丈夫:"我听说酒能壮胆。"

而且,能说会笑的人也不怕在众人面前表现自己"怕老婆"。我们来看下面二人的对话:

比尔:"在公司里你干什么事?"

赫德:"在公司里我是头。"

比尔:"这我相信,但在家里呢?"

赫德："我当然也是头。"

比尔："那你的夫人呢？"

赫德："她是脖子。"

比尔："那是为什么呢？"

赫德："因为头想转动的话，得听从脖子。"

如此妙答，当然引得人们捧腹大笑，也间接地暗示了他对婚姻之满意，如果他的夫人真的如传闻的那样，他也许并不会自我调侃了。

男人喝酒，常常会受到妻子的责骂，如果能巧妙地运用说笑也能很好地化解。

一个酒徒在外面喝多了酒，很晚才回到家。他又忘记了带钥匙，于是只好敲门。

妻子怒气冲冲地打开门说道："对不起，我丈夫不在家。"

"那好，我明天再来。"酒徒说完，装出转身要走的样子。

丈夫的一句说笑，终于使妻子化怒为笑，丈夫通过开玩笑，诱发妻子内心深处对丈夫的怜爱和尊重。这时夫妻两人都不会去抓住喝酒的事不放，而去享受两人之间的情趣。

做家务事，也是家庭生活中必不可少的，而许多做丈夫的却是大男子主义，全把家务推到妻子身上，似乎妻子天生愿意做和应该做。其实哪个妻子心甘情愿长期做单调劳累的家务呢？所以，有心思的妻子应把家务活给丈夫分一点，用自己的智慧往往能使丈夫心服口服地去做，心甘情愿地去做，并且是高高兴兴去做。

请看这位妻子是如何运用说笑让丈夫去做家务的：

妻子："亲爱的，你能把昨天晚上换下来的衣服洗一下吗？"

丈夫："不，我还没睡醒呢！"

妻子："我只不过是考验你一下，其实衣服都已经洗好了。"

丈夫："我也只是和你开玩笑，其实我很愿意帮你洗衣服的。"

妻子："我也是在和你开玩笑，既然你愿意，那就请你快去干吧！"

丈夫此时不得不佩服和欣赏妻子的情趣，高兴地去干不愿干的家务。

当然，如果妻子已把衣服洗了，丈夫受到感动，往后会主动帮妻子做家务，这样家务事带来的不是烦恼，而是一种家庭快乐了。

难怪有人说："没有说说笑笑的家庭就像一个旅店。"这话固然过于偏激，但也说出了夫妻间会说话对于家庭的重要性。且来看下面的例子：

约翰实在无法忍受妻子无休止的唠叨，打算去外面旅店住几天。旅店老板热情地接待了他，并且亲自把他引到了一间房门前。

"先生，您住在这里会发现跟到了家一样。"

"天啦，你赶快给我换间房吧！"

这则故事说明没有说说笑笑的家庭甚至还不如一家旅店。

在家庭中，如果夫妻两个长期说话都一本正经，会产生一种冷漠感，久而久之，两人心理均承受不了。所以，要积极寻找话题，力图笑起来。

如果家庭中碰到什么尴尬的事情，也不妨在笑中将其轻轻化解。

有一天，怀孕的妻子指着自己的肚子，向丈夫提出一个伤脑筋的问题："能不能在小孩一出生就看出孩子长大后会成为什么样子?"

丈夫想了想答道："这很简单。如果是个小姑娘，长大一定是个妇女；如果是个小男孩，长大就是个男人。"

真正要回答妻子的提问，对一般人来说是比较难的，如自作聪明答得不好，又会引起二人心中不快。这里丈夫把妻子本来问的意思转移到男女性别问题上，化成一个非常容易回答的问题，顿时妙趣横生。

而且，作为在一起生活的夫妻俩，要有一定的度量，这样才有说笑话的兴趣；如果顶着个花岗岩脑袋，你说得再好笑也是白费劲。说笑是要有环境和必要的条件的，条件成熟了，即使是没有文化修养的人，也自然能会说笑。

如何应答老年人和小孩

一个年轻人同与自己年龄、兴趣、爱好相差很远的老人交谈时，实在很难产生共鸣。在这种场合，同情与了解仍然可以发挥作用。如果你不以自己的兴趣为主，如果你同情一位孤独老者不幸的处境，你可以把他当作自己家庭中的一位长辈。你了解到他的老友都已故去，而他的爱侣也已不在身旁，你会愿意安慰他的寂寞，和他共享一段沉湎在美好记忆里的时光。

老年人都喜欢追怀往事，如果你能启发他谈谈自己的过去，不但对于他是一件很快乐的事，对你又何尝不是一个难得的机会，能够听到一个人亲口告诉你30年前，或是50年前的亲身经历。经过时间的磨砺，岁月的侵蚀，那些往事仍鲜明地留在老者的心中，多半是一些给他深刻印象的、有趣的、动人的故事。

有些老年人生命力还很旺盛，他们仍然关心现在的社会生活，对于报纸上的新闻仍然感兴趣。那么，最有兴趣的就是让他们把现在的事和过去的事做个比较。这不但是他们最喜欢的，同时也是一般人最感兴趣的。生活里面蕴藏着许多宝物。有时候，一片荒山，累累的巨石下面，可能就是无限的宝藏。懂得生活的人会在别人觉得毫无兴趣的地方，挖掘出无穷的兴趣来。

如果你想和他们玩个小花样，那么你一定要记住，他们亲身经历了半个多世纪的历史，阅历极丰富，他们很可能一眼就洞穿你的心底，因此你一定要格外尊重、爱戴他们。你和他们多谈谈，必然是有益的。他们有很多书本上看不到的经验和故事，他们有些人曾经在战场上出生入死，也有的冒过很多风险，而且有的人还风趣幽默得很，至今仍保持一颗年轻的心。

　　老年人是与年轻人相对的一个群体，多数老年人，到了暮年，仍能保持他们人格的完整，并能以幽默克服自己的弱点，对人、对事仍保持充分的热情和关心。他们经历岁月的考验，仍然热爱他们的生命，而他们的生命也会像风云变幻的世界有风、有雨，时阴、时晴。

　　其实，我们和他们有着谈不完的话题。他们所能给我们最珍贵的礼物，就是他们寄予我们的殷切希望。和老年人接近时，要尽量使他们得到兴奋和安慰，这样也可使你和他们进行一次令人神往的谈话。你可以热情地请他们针对国家的发展、社会的进步及科学技术的快速变化发表自己的意见。问他们是不是认为我们该回到大家庭的生活方式，甚或三代人一起居住？他们是否愿意协助抚养小孩？他们对如今妇女参政当领导持什么看法？对年轻人的服装有何意见？对工厂四处林立，河水受了污染，以致人不能再在河里游泳，会不会觉得遗憾？计划生育是社会所需要的吗？载人飞船登陆月球是神奇的技术，还是破坏宇宙的安宁？当今社会上的一切现象，你都可以请他们发表意见，他们的看法不会与社会脱节，只是他们比你经验更丰富，因此所见不同罢了。你还可以请他们多谈谈过去的经历和记忆。这可以说是非常有效的办法，因为当人们回忆他们快乐的时光时，他们就会打开话匣子并获得更多快乐。

　　你还可以请他们谈谈他过去最喜爱的广播节目，他第一次乘地铁、飞机时的感觉，他们那个年代的电影，或他所看过的第一部立体影片。你也可以请他们谈谈，他们年轻时玩什么游戏，学校是什么样子，以及他们印象中的祖父母。问他脑子里记得最清楚的伟人是谁，最敬爱的伟人是谁。问他当年如何向异性表示仰慕，以及当年的礼节问题。问他踏进社会后从事的第一份工作是什么——虽然他没有变成大人物或大亨，但每个人都会喜欢谈他的第一个工作岗位。只要他的身体健康、精神尚好、记忆力强，往往年岁愈大就愈记得他年轻时的第一份工作。

要记住，你正在和一位活生生的人谈话，他不是一座供人敬奉的神像。你对他过度虔敬和赞美，就会使老人觉得自己真的是老人，不中用了。因此，你与他们交谈时，如果你不同意他的观点，不妨理直气壮地告诉他你的看法。

老年人有时耳朵听力较弱，因此你和他讲话，音量要放大，速度要缓慢，发音要清楚。可是你不要因此而用些简单流行的词汇，也不要尽谈一些琐碎的事情。你可能认为老年人既聋又哑，这样一来你就会忽略聋人的智慧了。这是听力不好的老人最忌讳的事情，实际上他们并不糊涂，甚至更精明。

当你们谈得甚为融洽，而你想不失礼地告退时，你应该怎么办？我们平常和人谈话，当一方谈话谈久了，而听的人也听厌了时，随便找个借口或随便做个暗示，如起身倒杯水喝或起身打个呵欠，对方自然就会明白谈话该结束了。可是我们对老年人如此是失礼的，而且有时老年人在兴致头上，很可能忽略你的暗示。此时，你也无须强自忍耐对方无休止的"轰炸"。你等老先生或老太太说完一段话，只要你觉得听够了，你便可以毫不犹豫地赶快起身告退。千万不要迟疑，因为你一迟疑，他们可能就又开始另一个故事了。

我们不要误认为所有的青少年都是相似的，他们的性格各有所异，并不相似，所以你不宜开口就抱怨，你们这些年轻人……似乎认为今天的年轻人完全都……你也不宜一开始就大谈特谈少数不良的青少年沉湎电子游戏或泡网吧等，因为多数要求上进的年轻人并不玩这一套，你谈的这些问题，会使他们觉得屈辱，并觉得你并不理解他们，反而加深了与年轻人的代沟。还有对于年轻人蓄长发的问题，如果你已经和年轻人谈得很投机了，你不妨和他谈谈你对蓄发的看法。但是如果你劈头就批判留长发如何不好，他就会对你打个问号，你什么意思呢？你是怪我没教养，还是怪我不学好？

根据年轻人留长发而推断他的品性，这是不合理的。有时往往表面上调皮爱玩闹的，反倒是富有正义感的孩子。而表面上规规矩矩，衣服穿得整整齐齐的孩子，看起来是模范少年，其实却可能是暗中捣乱兴风作浪的孩子。

你和年轻人交谈，并不需要模仿他们的术语，或打扮得和他们一样。很多人认为用孩子话和孩子交谈，可缩短彼此间的距离。这并非没有道理。可是社会上已经有够多的年轻人了，因此我们还是扮演我们的成人角色吧。更不要紧盯着问年轻人和异性之间的关系，这其实不干你的事，除非你是他的父母，更何况他们也有自己的隐私。要知道，当你和青少年谈话时，你只有抓住他们生活中最感兴趣的事，才是最佳的选择。你如果不能适当地和青少年交谈，那么请你换一种方式，应该会对你有所帮助。如果孩子说他们都喜欢足球，除了爱看国内的甲A比赛，还对德甲、西甲、英超等国际赛事如数家珍，而大人则说他喜欢看围棋比赛，那么他们是在自己很理想的基础上，因为大人所表示的，乃是他能像孩子们喜欢足球一样，从围棋中获得同样的满足，这应是一种很独到的换位思考方式，有助于两代人的沟通。

你谈话的对象，若是一位年轻女孩，那么这些问题同样也很适合，你可以问她对于多数女孩的披肩长发有何看法，她的朋友们喜欢化妆吗？她的朋友们对交异性朋友持开放还是保守的态度？她喜不喜欢幻想？和前一代的青少年相比，她是否认为他们这一代有了改变呢？

对于年轻人应遵循的行为标准，成人要严肃认真地向年轻人讲清楚。如果你不赞成他们饮酒，那就不要装出一副好人的面孔允许他们饮酒。如果你想让年轻人按时回家或早睡，那么你就要和他们相互交谈后，共同制定一个规定，并明确地要求他们必须遵守。如果你的十几岁女儿到什么地方去，你必须要对她讲明，父母不是要干预她的活动，而是对她的行为和安全负责，确知她去的地方，同时毫不犹豫地问她还有哪些人和她同去。

儿女是父母行为的镜子。如果你善于与年轻人和孩子交流沟通，你的一言一行都会深深地印在他们的脑海中，铭刻在他们的心中，甚至会记住一辈子。

投其所好，回得高妙

生活中，朋友之间常常会相互表达失落和痛苦，倾诉心事。朋友在给你诉说心事的时候，是想你给他一些建议或者安慰。这个时候你说的话就要注意了，不要在不知不觉中把自己的得意在朋友面前表露出来，否则，就会刺激到对方的自尊。也许你的本意只是想借自己的事情鼓励朋友，但是对方可不一定会理解你的意思，在他看来，会觉得你是在嘲笑他，从而对你产生误会，影响你们的交情。因此，讲话的时候要慎重，即使是朋友之间也不例外。

古语有云："知己知彼，百战不殆。"出去找工作面试的时候，就好比一场试探性的战斗，战斗的双方就是面试单位的主考官和参加面试的你自己。在写履历表时，要时刻记住你是在一个商业环境中推销自己，要尽量使用适合这种环境的语言，尤其是在对你曾经的业绩和成就进行说明的时候。

时代在改变，某些求职用词也在改变。像"我对这个工作很有信心""请给我一个学习的机会"等等，这些听起来美丽的辞藻或许会把你难得的机会"哄跑"。

对于没有经验的人来说，除了学历之外一无所有，再加上那些错误的用语，这机缘一失，可能很多时间都不一定能弥补得回来。现在外资企业渐多，传统公司要求的谦虚、保守等品质，已经无法适合需求了。

要想每投必中，说话要投其所好是填写履历时必需的原则。公司想知道的是你能为公司带来什么利益、贡献或成效，并不想花钱请你来学习。

因此在说话的时候，要抓住别人的特点，投其所好，这样才能很好地利用别人的力量。如果忽略别人的性格，勉强他们做不适合的差事，结果受挫折的将是自己。

著名的"钓鱼效应"就是指一个人把自己的内心需要转化为相应的行为。钓鱼的时候如果不用鱼饵，鱼是不会上钩的，人也是一样。著名的口才大师卡耐基说："即使你喜欢吃香蕉、三明治，也不能用这些去钓鱼，因为鱼不喜欢它们，你想钓到鱼就必须下鱼饵才行。"要和对方和平相处，并得到对方的认同，甚至化解自己的危机，就要彻底了解对方的所"好"，知己知彼，真正做到迎合对方，投其所好。

在人际交往中，说话投其所好、避人所忌是一种高超的表达技巧。俗话说："酒逢知己千杯少，话不投机半句多。"要想获得良好的人际关系，在说话的时候就要说对方感兴趣的话题，用动听的语言打动对方的心。在交往中，当人们的观点一致时，就会产生一种相互肯定、信任的感觉，反之，就会彼此否定，产生防备心理。生活中，那些在人际交往中左右逢源的人，就是在和别人沟通之前先观察揣摩对方的喜好，然后尽量地迎合别人，满足别人的欲望。在交谈中，对于自己不感兴趣的话题，一般人都不会有太大的热情，而如果碰到自己感兴趣的话题，就会兴致高昂，积极参与。因此，在和别人谈话的时候，我们要抓住对方的这种心理，深刻地了解对方，并与对方和谐相处，从而实现进一步的交流。

美国前总统西奥多·罗斯福就是一个很能掌握其中奥妙的人，与他打过交道的人对此都印象深刻。哥马利尔·布雷弗曾经在一篇文章中这样写道："无论对方是一名牛仔还是一位骑兵，是纽约政客还是外交官，罗斯福都知道对他说什么话。"他之所以可以做到这样得心应手，就是因为他会在对方到来的前一天晚上仔细翻阅有关对方特别感兴趣的话题的资料，这样在交谈的时候，就很容易找准话题，与对方产生共鸣。

　　卡耐基也曾经说过，如果想要和他人顺利沟通，并成功地获得他人的好感和认同，最好的方法就是和对方谈论他感兴趣的话题。事实就是这样，在谈话中，如果双方所交谈的话题是交谈者自己感兴趣的话题，他就会投入十二分的热情。如果他对所说的话题没有丝毫兴趣，即使场面再大，对方热情再高涨，也会觉得无趣。此外，在交流过程中，我们也要学会通过对方的手势、姿势、表情以及当时的反应，去分析对方的感情变化，体会对方的话语意义，要知道对方说话时的感受要比他的话语本身更重要。

第三章
回话看场合：到什么山上唱什么歌

常言道：到什么山上唱什么歌。人类语言交流的实践证明，在同一个社会环境表达同一思想内容，不同交际场合要求采取与之相适应的语言回答形式，否则就达不到交际的目的。一个善于交际的人，应当懂得看场合回话。

因地而异来回话

在生活中，无论是谁，说话都要注意场合。说出的话，要符合自己的身份，不能信口开河。当然，这种身份，指的是自己当时的"角色地位"。所以，在任何场合，都要非常清楚自己的身份。比如在一个家庭里面，你就拥有多重身份。在父母面前，你是儿子或者女儿；在孩子面前，你又是父亲或者母亲。因此，在说话的时候，也要根据对象的不同和场合的不同而变换说话的方式。在父母面前，说话要尊重。在孩子面前，要有做父母的样子。在职场上，和客户沟通的时候更要注意说话的技巧。不要使用生硬的口气、避免使用套话。对客户的话要好好揣摩，要透过现象看本质，听话听声，锣鼓听音。在不同的场合、不同的时机，说话的方式都应该有所不同。

在不同的场合用不同的方式说话。尤其是从事服务行业的人。服务员在和客人说话的时候，或者为客人介绍的时候，要注意把握说话节奏的快慢。语速不能过快，不然客人可能听不清楚。要面带微笑，不能板着一张脸，表情冷漠、呆滞。说话的语气要亲切，不能生硬、沉闷。

一个人在说话的时候，如果不注意自己的身份，不分场合，就算你确实说了实话，留给别人的印象也可能是很不好的。因此，说话的时候，要多加注意。美国总统里根，当总统之前的身份是演员。在他刚刚接任总统的时候，大多数人对他的领导才能持怀疑的态度。然而事实证明，正是由于曾经当过演员的缘故，里根在总统的位置上表现得恰如其分，不仅使美国经济度过了滞涨的困难期，还赢得了总统连任。

里根自身具有非常杰出的领导才能，而且他的演员才能也在他的总统生涯中发挥了重要作用。事实上，绝大多数优秀的政治家和优秀的企业家除了具有杰出的管理才能和高超的领导艺术外，都具有很好的表演才能。

言为心声，文如其人。语言是心灵的一面镜子。一个人的气度修养，可以从他说的话当中表现出来。

有些人在生活中做事拖拖拉拉，但是工作的时候却很干练；有些人在家里随和开朗，但是在单位却非常严肃；有些人对家人脾气暴躁，但是对朋友却有很强的亲和力。这些人中有的在家中是本色演员，到外面又成了演技派演员；有的在家中是演技派演员，到外面又成了本色演员；有的不管在家里还是在外面都是演技派演员。每个人都会随着环境的不同而扮演不同的角色。而一个人处理事情的方式，以及说话的技巧、方式，都会随着环境的不同而有所变化。只有了解了这些，才会对我们认识人生有所帮助，才能让我们更好地应对不同的事情，更好地处理问题。

当然，每个人在人生舞台上的角色都不可能是两面的，你不可能一会儿是正面人物，一会儿又成了反面人物。如果这样，别人就会对你无所适从，不知道应该接受你的哪一面。社会要求人们在不同场合、不同职业、对待不同的人时，要采取不同的处事方式，运用不同的语言，目的并不是让一个人具有多面性，而是为了能取得更好的社会效果。

人非圣贤，孰能无过。生活中，每个人都可能会做错事，说错话。对于别人的错误，指出来有时不如不指出来。如果你认为自己是对的，而别人也错误地认为自己是对的，那就很可能会产生一场争论，处理得不当，演变成吵架是无疑的。甚至还可能大动干戈，大打出手。这是极其愚蠢的，也是极不必要的。不同的场合有不同的说话方式，一个人如果说话比较粗鲁，那么在稍微高雅一点的场合，这个人绝对会是一个不受欢迎的人。当然，我们并不希望自己成为这样的人，所以，在说话的时候就要注意场合，把握分寸。

相同的语言在不同的场合也可以表达出不同的意思。比如说"醋"这种调味品在很多时候，就被赋予了特定的感情色彩。"吃醋"这个词在不同的说话场合代表了两种截然不同的含义。人们把嫉妒这个心理活动或感觉描绘成一种酸溜溜的与醋的根本特点相似的表述，言语的不同表达方式确实耐人寻味。

注意说话的场合，朋友之间、同事之间，甚至夫妻之间，都不能忽视说话的分寸。很多人难以理解人生如同演戏的比喻，特别是对在现实生活舞台上具有演技派才能的演员不理解。看到一些人在不同场合有不同表现，就偏执地认为是"骗子"，然而事实并非都是如此。

俗话说："入乡随俗""到什么山上唱什么歌"，就是说人要能适应不同环境，根据环境调整自己。用到不同职业上也一样，在不同的位置上要说不同的话，否则就是没有进入角色，工作更不可能做好。

1955年，亚非国家在万隆召开会议。当时我们的国家还比较落后，所以很多国家对这个刚刚才站起来的新中国不是很了解，对我们国家怀着深深的敌意。面对这样的情形，周总理觉得很痛心，所以，在会议上第二次发言时，他第一句话就直截了当地说："我今天不是来吵架的，我是为了我们大家的共同利益而来的。"他态度十分诚恳和谦虚。当时，总理的表现打动了许多人，成了外交界传扬的佳话。所谓"一句话颠倒乾坤"，也就是这个意思。

在说服他人的时候，要特别注重谈话的艺术和谈话的场合，知道在什么样的场合该说什么样的话。就比如做广告的人，他总会引导客户在做与考虑做两方面去思考。如此，他就能始终掌握着主动权，从而达到说服的目的。

有一句话叫："病从口入，祸从口出"，生活中，许多说服工作不成功，就是因为话说得不够圆滑；话说得太多，出毛病的机会也就愈多，而不看场合说话的人，更难说服他人。那些真正有见识、有学问的人往往都表现为大智若愚，不乱说话。在适当的场合，一句话便可以让对方接受你的观点。相反，那些腹中空空，没有几点文墨的人往往不看是什么样的场合，就把话直通通地说出来，这样不仅打消了别人的兴趣，往往还令人生厌。

回话注意场合

回话的时候要注意场合，即使是朋友之间、同事之间，甚至是夫妻之间，回话都不能随心所欲，口不择言，而是要注意说话的分寸。

一个人，不管他多么能说会道，舌灿莲花，他也得注意回话的场合。只有分场合回话，才能成为一个受欢迎的人。

一位毕业于某高等院校中文系、勤勤恳恳工作了几十年的老教师退休了。退休的时候，学校为他和另一位曾多次荣获过"先进"的退休老同志一并举行了一个欢送会。与会的同事和领导对他们的工作和为人都进行了由衷的肯定和赞美。两位退休的老同志也对大家的赞誉做出了深情的感谢。

一时间，会场里充满了一种令人动情的温馨气氛。作为答谢，话说到这里为止，也就该结束了。然而，那位老教师却并未就此停止，他站起来说："说到先进，十分遗憾，我从来没有得过……"话还没有说完，坐在他对面的、平日与他相处得不太融洽的一位青年教师突然抢过话头："不，那是我们不好，不是你不配当先进，是怪我们未曾提你的名。"话语中带着一种不肯饶人而又让人感到十分难堪的"刺"，老教师被这根"刺"一刺激，脸上立刻露出感伤的表情，一时间会场中出现了尴尬的气氛。

一位领导见形势有些不妙，就马上把话茬给接了过来，想缓和一下这种尴尬的气氛。避开让大家敏感的"先进"这个话题，转而谈论其他的话题。他的本意是好的，但是，他却用错了方法，反反复复地劝慰那位退休老教师，叫他对"先进"的问题不要太在意，说没有评过先进，并不等于不够先进，"先进"只是一个称号，大家更看重他的实力等等。一席话，等于是把本应避而不谈的话题作了重复和引申，使本已尴尬的局面显得更加尴尬了。这样的事情，时刻都可能在我们身边上演。这就是因为不会说话造成的。这个故事告诉我们，不会说话，很多时候会让别人或者自己陷入尴尬的境地。

那位退休的老教师在说话时不应该把自己和别人作无谓的比照。比照是谈话中一种经常用到的手法。使用得当，可以使双方的对话产生某种积极的效果。在退休欢送会这样的场合，所说的话一般都是一些非常富有情感而又不失其真的比较得体的人情话和好话。对于这种充满人情味的好话，听话者要善于倾听，善于回话，根本没有必要拿别人的长处来衡量自己的短处，从而引起自己的不快。

至于那位青年教师，他不应该在别人失意之火燃烧时更进一步地添油加火。每个人在与他人相处的时候，都不可避免地会发生这样或那样的不愉快。在欢送会这种场合，在一位勤勤恳恳工作了一辈子的老前辈即将退休的时候，就算老先生平时在某些方面不善为人处事而与自己伤了和气，也不能趁别人一时失言，抓住别人的缺点不放。一个人在说话时应该理解"得饶人处且饶人"这句话的含义。如果为了逞一时口舌之快而说出置别人于尴尬境地的话，就会破坏自己在别人心中的形象。

而对于那位领导来讲，知道这种情形再继续谈下去会出现十分尴尬的局面，就应该避开这个敏感的话题。领导者的领导能力固然表现在原则性上，当会场上出现了某种始料未及的尴尬局面时，他没有直接去批评那位失言的青年教师，而是竭力肯定那位老教师的贡献。具有这种应急应变意识并立即着手应变，这些都是无可厚非的。然而，从这位领导的具体应变能力和言语技巧来看，显得十分不合乎情理。他本应该避开"先进"这个让大家敏感的话题，巧妙地把话题岔开，使欢送会的气氛由暂时的不欢重新转到欢快的气氛当中去，并顺势掀起新的高潮，然而他一直在敏感的话题上纠缠不休，使本来尴尬的场面更加尴尬。这显然是不会说话造成的。

因此，回话的时候要注意场合。不看场合，随心所欲，想到什么说什么，这是"不会说话"的人的一种拙劣的表现。在不同的场合，面对着不同的人，不同的事，从不同目的出发，就应该说不同的话，用不同的方式说话，这样才能收到理想的言谈效果。

人多的场合少回话

古语有云："言多必失"。意思就是说：如果一个人总是没话找话，说个没完没了，言语中就会不自觉地暴露出很多问题。

"言多必失""祸从口出"这样的话应该牢牢记在心中。特别是人多的场合，说到忘乎所以的时候，就很容易失言，一旦失言，说出的话就很容易伤害到别人，自然就会给自己招惹祸端。

要想在事业上取得成功，就必须注意自己的一言一行。所谓言行不可不慎。那些成功的人，说话就很会把握分寸感，不管在什么场合，说话总是落落大方，言词充分，该说的时候一定不会让听众失望；不该说话的时候，也是三缄其口。

有些人能言善辩，在交际场所口若悬河，左右逢源。但是如果心中无丘壑，仍然喜欢张扬自己，在人多的场合，口无遮拦，就很容易说错话。说出去的话就如泼出去的水，一旦说错了话，要想补救是很难的，有时候，几乎没有补救的可能。所以，一般在人多的场合，尽量少说话。否则，如果因为言行不慎而让别人下不了台，把事情搞糟，那就是最不划算的事情了。对别人的伤害可能只是一时的，但是对自己的影响却是长期性的，因为在别人心中，你成了一个"恶人"，在别人心中的印象就会变得很不好了，也就会影响你的成功。

有的人喜欢当众谈及别人的隐私和错处，有时会让自己陷入特别尴尬的境地。说话要注意场合。如果不看场合，随心所欲，信口开河，想到什么就说什么，常常会给自己带来意想不到的麻烦。

张文是某学校的老师，在一次宴会上，张文在酒桌上向坐在他旁边的一位太太讲起自己学校校长的秘密，言语之中，表现出对校长卑鄙行为的极大不满，并说了一大堆攻击性的话。

等张文说完了之后，那位太太问他："先生，你知道我是谁吗？"

"还没请教贵姓。"张文连忙回答。

"我正是你口中卑鄙的校长的妻子。"

张文瞬间呆住了，场面非常尴尬。

朋友聚会，大家不免会相互调侃几句，开开玩笑。其实，开玩笑也无伤大雅，只要不是有意揭人伤疤，倒也无妨。开玩笑有时候也能使气氛更加欢愉，然而，如果说了不该说的话，就会使气氛变得尴尬，有时候还会造成不必要的误会。

刘全长得高大英俊，风度翩翩，在大学的时候，就有"爱情专家"的称号。如今，他在一家外资公司上班，收入丰厚，加上俊朗的外形，喜欢他的女孩子很多。在众多的女孩子当中，他选择了长得很漂亮的张虹做女朋友。有一天，刘全大学的同学结婚，他就带着自己的女朋友张虹一同前往。

参加婚礼的有很多当年大学的同学，老同学重逢，自然格外高兴。大家天南海北，谈得那叫一个痛快。谈着谈着就谈到了当年大学校园罗曼蒂克的爱情故事，故事的主人公自然是"爱情专家"刘全。同学张力眉飞色舞地讲述刘全当年如何风流，引得众多女生趋之若鹜，又如何在花前月下与女生卿卿我我。张虹起先还觉得很新奇，但是越听越不是滋味，终于忍耐不住，拂袖而去。刘全只好撇下朋友去追张虹。

张力并不是有意要揭刘全的伤疤，而是他说话的内容让张虹难以接受，无端惹些麻烦。这不仅使刘全要费不少心思去哄得张虹回心转意，而且使在场的其他人心里也不痛快。

在人多的场合回话，要注意尊重别人，回话要有礼貌，否则，一个不小心，就可能会伤害对方。

到什么山上唱什么歌

人在不同的场合，面对不同的人，就应该说不同的话，用不同的方式说话，这样才能达到理想的言谈效果。要想成为一个成功的人，就要懂得说话的分寸。不是所有的话题在任何时间、任何地点都适合拿来公开谈论。要看场合说话，正式的场合说说笑笑是不恰当的表现，有时候甚至会引起不必要的麻烦。

一位湘籍著名歌星应邀到长沙做嘉宾，主持一个义演节目。晚会现场，她打扮得光鲜靓丽，亭亭玉立于台上，手持话筒，声音清脆，朗声说道："那次在中央电视台举行青年歌手大奖赛，我给'娘屋里'的参赛选手打了最高分，下次那位选手到北京参赛，我还要给他们打最高分。"

倘若在私下里说说这话，无可厚非，可能还会拉近彼此之间的关系。然而在义演现场，是很严肃的场合，说的又是严肃庄重的大奖赛评选打分的问题。她这句如此偏重于"情感"而疏于"理智"的话语太有失偏颇了，显然与自己主持人的身份不符。这句话说出来会给人这样一种感觉：作为评委，难道就是这样为选手打分的吗？其公正何在？

说话的时候要把握恰当的时机和场合，否则，说出的话就很可能引人不快。说话看场合，人们才会乐于听取；在不同场合，根据具体情况来选择说话还是不说话，以及用什么方式说话，"言而当，智也；默而当，亦智也"。正所谓"时然后言，人不厌其言"。礼仪规范对言语的最基本的要求就是在任何时候，任何场合，言语都应该"矜庄以莅之，端诚以处之"。

美国总统里根就因为在严肃的场合说了一句不当的话而犯错。

有一次，在国会开会前，为了试试麦克风的效果，里根说了一句："先生们请注意，5分钟之后，我将对苏联进行轰炸。"此语一出，众皆哗然。

里根在错误的场合、错误的时间里，开了一个错误的玩笑。为此，苏联政府提出了强烈抗议。这个例子告诉我们，说话要分场合，有些玩笑在严肃的场合是不能开的。

卡特有一次也是因为在严肃的场合说了不该说的话而使自己陷入窘境。那时卡特出访盐湖城，参加摩门教信徒颁发"本年度家庭男人"的仪式活动。他的参谋为他写了一份讲稿，特别注明"幽默"二字。助手在他的讲稿上写了三四个笑话，他在发表讲话时全用上了。卡特和他的助手们当时没有意识到，摩门教徒一贯教育他们的孩子不要轻率地看待世事，自然在这样的场合也就不能乱说幽默的话。所以，当卡特讲笑话的时候，教堂里有两千多人只是瞪着他，面无表情，呆若木鸡。

作为一名公关人员，说话是非常重要的交往手段。而衡量一名公关人员是否合格的标准，就是看他会不会"说话"。

从公关心理学角度分析，"客套"与"敦促"都是能打动对方心理的妙方，关键看运用的人是否能够运用得好。人人都有自尊心，适当赞美对方能够赢得好感。人人都有责任心，适当敦促对方可得到承诺，所以，交替使用这两种方法会带来预期效果。

重庆一家公司与一个工厂签订购物合同，定于一个月内交货。但是半个月过去之后，该工厂看见市场上物价暴涨，就想撕毁合同，将货物高价转卖。于是，重庆这家公司的营销人员马上前往谈判，让对方履行合同。

该工厂早有准备，要和重庆公司舌战一场，然而，重庆代表的一席话，立刻让他们打消了这个念头。

重庆这家公司的代表说："在和贵厂打交道的过程中，你们做生意的精明让我们深有感触，特别是贵厂领导经营有术，更是让我们佩服，值得我们去学习。这次我公司向贵工厂订购的货物，是同另一家大公司合作经营的。倘若我们不能按期交货给那家公司，就有可能会闹出麻烦，也许到时要请贵工厂出面解释一番。我们的困难，想必你们是可以理解的。另外，我们是老主顾了，此次虽然出了些矛盾，但将来还要打交道。若贵工厂无意间让我公司蒙受损失，不仅中断了我们的生意交往，也会使想同贵厂做生意的新客户退而三思。再说，目前贵厂客户众多，业务兴旺，倘若他们知道贵厂单方面撕毁这项合同，就会觉得你们不守信用、不可信赖、难以合作，他们极可能减少或中断业务，那样，贵工厂就得不偿失了。"

　　在上面的这个案例中，重庆公司的代表交替运用"客套"与"敦促"，自然而不庸俗，巧妙而不诡辩，深得公关艺术之真谛，让对方心悦诚服，愿意继续恢复合作关系，达到了说服的目的。这个案例告诉我们一个道理：许多传统的经验和方法经过变脸和革新，与公关理论知识相结合，就会产生新奇的效果。

场合严肃，回话要谨慎

生活中那些获得成功的人，大都有一张能说会道的嘴。而那些失败的人，很多时候都是因为不会说话造成的。由此可见，会不会说话，说话水平的高低，对一个人人生的得失成败有着直接的影响。说话要看场合，相同的话在不同的场合说出来会有不同的效果。不分场合地说话，会给自己带来不必要的麻烦。

在"5·12"汶川大地震中，出了一个著名的人物——"范跑跑"。"范跑跑"本名范美忠，他就是因为在不恰当时间说了不恰当的话，而让自己成为公众指责的对象。

范美忠在地震之后面对质问他的学生，说了这样一段话："我是一个追求自由和公正的人，却不是先人后己勇于牺牲自我的人！在这种生死抉择的瞬间，只有为了我的女儿我才可能考虑牺牲自我，其他的人，哪怕是我的母亲，在这种情况下我也不会管的。因为成年人我抱不动，间不容发之际逃出一个是一个，如果过于危险，我跟你们一起死亡没有意义！"他还在自己的博客中写道："这或许是我的自我开脱，但我没有丝毫的道德负疚感，我还告诉学生，'我也绝不会是勇斗持刀歹徒的人！'"一石激起千层浪，他的这些话在论坛上炸开了锅。范美忠立刻成为公众指责的对象，由此得名"范跑跑"。

逃跑行为本来是个人行为，尽管这种行为不是很光彩，但是，从生命的角度出发，本也无可厚非。不是人人都能够做到在关键时刻舍弃自己的生命救别人，但是，逃跑之后还洋洋自得地炫耀，大作"逃跑理论"，大肆宣扬，这就很不妥了。尤其是在举国哀痛的时候，范美忠这话一说出来，马上就把自己置于舆论的漩涡，被全国人民口诛笔伐。他在全国人民沉浸在悲痛和愤怒的时候说出自己弃学生于不顾，率先跑出教室的事情，这样做无疑是把群众在地震过后所无法发泄的痛苦与怒火往自己身上转移。

无论任何人，在说话、做事的时候都应该看场合。如果不看具体的场合和具体情况，就好像当着和尚说秃子，看着瘸子说短话，不仅让别人尴尬，也会让自己尴尬。心理学中有所谓的心理创伤症，当人们经历或看到灾难后会产生痛苦、不安、烦躁甚至忧郁的情绪。这个时候如果不发泄的话就会产生心理疾病，而范美忠在这个时候发表不恰当的言论，自然成了众矢之的，大家纷纷把积聚在心中的情绪发泄出来。

还有一位"家喻户晓"的名人，就是说"中国地震是报应"的美国演员莎朗·斯通，这句话不仅惹来中国全民愤怒，立刻引起抵制莎朗·斯通的热潮，还让她失去了和奥迪中国的一份广告协议，并导致她的电影遭到封杀。她这番不恰当的言论，在这种时候说出来，不仅让中国人民受到难以言表的伤害，也使自己的形象在观众的心目中大打折扣。作为一个公众人物，运用自己的影响力，来表达其反人性的丑恶，其行为简直令人发指。

当然，范美忠与莎朗·斯通虽然都遭到公众的谴责，但是他们的言论性质还是不一样的。在电视报道中我们曾看到有些学校的建筑完全不合规格，导致大楼倒塌，但是，为什么没有那么多人关注建楼者，人们却愤愤而谈范美忠的逃跑，就是因为他不该在大家悲伤的时候高调讲出他的理论。尽管我们有言论自由，但是请别忘了，我们有道德底线，这样讲会伤害很多人。

说话看场合，场合指的是说话的时间、地点以及特定的交际场景。场合对于交际有直接的制约作用。说话时要根据场合决定话语的内容和表达方式。著名作家李存葆说过：在战斗最激烈的时候，宣传鼓动不会是长篇大论，有时面对敌人痛骂一声，回头向战友一招手，喊一声："有种的，跟我上！"这比宣传鼓动更有效。李存葆的话说明，说话只有根据场合，灵活运用语言，才能取得更好的效果。一个不会说话的人，常常让自己和别人陷入难堪的境地。人总是在一定时间、一定地点、一定条件下生活的，在不同的场合，面对着不同的人和不同的事，就应该说不同的话，用不同的方式说话，这样才能收到理想的言谈效果。

上述事例说明了语言是有规则的，说话必须符合大家共同遵守的规则。在失意的人面前，不要谈论自己得意的事，因为那样可能会加重对方的失落感。所以，即使你万事顺心，也要故意说些苦处给朋友听。而在得意的人面前，不要谈论自己的失意事。因为得意的人常不能体谅失意者的痛苦。所以，即使有许多的不如意，也要振作起精神来。

如果违背这种规则，就会让对方产生反感。而这个规则是非常简单却又需要我们时时提醒自己才能做到的，那就是：回话要注意场合，什么场合下回什么话。

话题跑偏，更改地点

我们常会碰上说话跑题的人，如果彼此之间交情不错，可直言相告。但如果是上司、初次会面的人或重要的客户，就很难开口了。这时，不妨趁对方说话告一段落时再设法拉回主题。

碰到这种情形，可告诉对方："对不起，我上洗手间。"或"抱歉，我打个电话。"然后离座。回来时，则可表示："对不起，我们刚才提到……"如此即可顺利回到主题。虽然时间不长，足以使对方冷静。

空出一段时间，帮助对方言归正传的技巧，据说也是酒吧小姐用来拒绝客人的方法。当她们碰上说话不当的客人时，赶紧说："对不起，我到那边打个招呼。"再回来时，相信客人已改变话题。

倘若找不到离开的机会，而对方所谈越来越离题，不妨告辞，委婉表示："我下次再拜访。"或"我另有问题请教。"以这话作为结束，同时留下再交谈的机会。

值得注意的是，言语或动作均需有礼，不可表露出"你的话一直文不对题，我根本没听出重点所在"之意。因为对方可能是有意避开主题，因此，无论如何先向对方表示感谢，等下次再拜访。

一旦更改时间、地点后，对方往往会改变初衷，不再逃避主题。就如刘备三访诸葛亮一般，终于能打动对方，敞开心胸接纳你。

回话要入乡随俗

说话要入乡随俗，要适合情境。所谓的适合情境，就是指在说话的时候要求语言的运用与所处的环境相契合。只有语言和环境相契合，所说的话才能产生良好的效果。否则，即使说的话再动听，意思再好，也难以达到预期的目的。

不同的民族有不同的文化特征，而不同的民族语言也反映了其不同的文化特征，因此，在说话的时候要注意场合，入乡随俗。

例如，在中国，我们和别人打招呼的时候，都习惯性地问："吃过了吗？""上哪儿去呀？"在我们看来，这只是一种问候罢了。但是在欧美的一些国家，你这么问，对方就可能会以为你真的要请他吃饭。"你要多穿点衣服，别感冒了"，这句话在我们看来，是对别人的一种关心。但如果在美国人听来，他就会以为你在指使他，从而对你产生反感。

由此看来，我们在与别人交谈的时候，要了解对方的文化习俗，以免产生不愉快。

《战国策·宋卫策》中有一个故事：有一个卫国人迎娶媳妇。新媳妇一坐上车，就问："驾车的三匹马是谁家的？"驾车人回答说："借来的。"新媳妇就对仆人说："要爱护马，不要鞭打它们。"车到了夫家门口，新媳妇一边拜见家人，一边吩咐随行的丫头说："快去把灶里的火灭掉，要失火的。"一走进屋里，见了石臼，又说："把它搬到窗台下边，放在这里会妨碍别人走路。"夫家的人都觉得她十分可笑。

对于一个才刚刚过门的新媳妇，而且是在举行婚礼的过程中，就指使别人干这干那。就算她语气再温柔，别人也不会领情。因此，说话要注意场合，要入乡随俗。

在说话的时候应该注意场合。不同的场合说话应该有所区别，否则不但达不到理想的效果，还会引起别人的误会。

某法院开庭审理一起盗窃案，但被告对作案的时间交代得模糊不清。为了核实，审判长决定传被告的妻子出庭作证。然而由于过分着急，审判长脱口而出："把他老婆带上来！"

此语一出，法庭顿时哗然，严肃的气氛立刻被冲淡了。本来审判长应该运用法庭用语，宣布"传证人某某某到庭。"由于以日常用语取代了法庭用语，不适应场合，因而显得很不得体。

语言是很丰富的词汇，只有依据不同的场合，选取最恰当的词语，才能准确地表达自己的思想感情。

当然，说话的时候还要注意理解听者的心境，只有理解听者的心境，才能把话说到对方的心里，才能得到对方的信任与尊敬，把话说得恰到好处。

某电台"青年信箱"的播音员曾收到三位青年听众的来信，说他们听了播音员优美动听的播音，很想见播音员一面，但又知道这不可能，所以希望能得到播音员的照片。播音员理解听众的心情，说了一番既动情又恰如其分的话："三位听众朋友，首先，我非常感谢你们的好意。你们也许听过这句格言：'知人知面难知心'，看来，交朋友最难的是交心。那么，还是让我们做知心朋友吧！"可以想象，这三位听众听到他这一番话之后，一定会喜形于色，倍感亲切。

每个人说话时的态度，都可以直接影响别人对自己的看法。一个人的言谈态度，可以反映出这个人的性格特征。例如，一个冷漠无情的人，他说出来的话就可能冷冰冰不带一点感情；而一个乐观快活的人，他说出的话，就可能让人如沐春风；一个自暴自弃的人，他说的话就可能是充满颓废的气息；而一个积极向上的人，说的就会是一些积极向上的语言；个性散漫的人说话也漫不经心；小心谨慎的人说话比较严谨，等等。

到什么山上唱什么歌，入乡要随俗。就算是一首歌，在不同的环境和场合下演唱，也会起到不同的效果，使人产生不同的联想。

某剧团到监狱慰问演出，有一位年轻的女艺术家，不仅人长得很漂亮，而且歌也唱得很好。在演出现场，面对着几百名服刑人员，她先演唱了《朝阳沟》中银环的一段"祖国的大建设一日千里"，很受好评。接着她又演唱了一段"下山"，其中有句"山沟里空气好，实在新鲜，在这里一辈子住也住不烦。"唱者无心，听者有意。看到台下有不少人在窃窃私语，这位艺术家突然明白了：这儿是监狱，服刑人员谁不想早点出去啊，怎么能唱"在这里一辈子住也住不烦"呢？回到后台之后，这位艺术家后悔不已。

戏曲界有些老艺人，舞台经验丰富，常常能根据现场情况临时改动一些词，有些是故意讨巧，有些则是避免犯忌讳。

号称"伶界大王"的谭鑫培有过一个生动的例子。

清朝末年，谭老板值"内廷专差"，经常到宫里演戏。有一个农历羊年，西太后过生日，谭鑫培在宫内演《捉放曹》中的陈宫，其中有与曹操的对白，念至"那老丈一片好心，杀猪宰羊，款待你我，不要多疑"时，忽将"杀猪宰羊"句改为"杀猪宰牛"。当时，观众都以为谭老板将词念错了，西太后、李莲英及王公大臣中有很多人是懂戏的，这段戏经常听，当时也以为他错了，因此戏散之后就没给谭老板任何赏赐。谭老板也不多做解释，卸装后匆匆回家。在家中，有好友问起他这件事，他解释说：一只羊就够杀头的啦，何况今年是三阳开泰。我本来不愿意唱这出戏，偏偏给安排上了。今儿要照原词念，先犯了一个大不敬的罪，如果再有人挑眼，在李莲英面前说明，那还有脑袋吗？原来西太后与李莲英等都是属羊的，这一年恰好是他们的本命年。后来有人为了讨好李莲英，就将谭老板的解释传达给了李莲英。李莲英又回禀了西太后，不仅原谅了谭老板，还给了他不少的赏赐。

　　俗话说：伴君如伴虎。作为一个艺人，在内廷当差本来就战战兢兢，一不留神就会招致大祸，谭老板作为一个老艺人，堪称聪明机警过人。

　　在和别人交往的过程中，说话要看场合，在不同的场合要说不同的话，要采取与环境相应的语言形式，否则就达不到交际的目的。大凡处处受人欢迎的人，说话的时候都会看场合。

特定场所切忌乱回话

西方谚语说得好：说话合乎场景，如同金苹果落在银网子里。只有在恰当的场合说得体的话，才能产生"话"半功倍的效果，否则，不顾场合乱说话，口无遮拦，言语冒失，只会惹人厌烦，伤害他人，甚至惹起祸端。

简单说来，场合有庄重和随便之分，有正式和非正式之别，有喜庆和悲伤之异，这就要求我们针对不同的场合，说适宜的话。倘若不顾场合地乱说话，就算不会惹祸上身，也难免招人厌烦。

《三国演义》中，有这样一则发人深省的故事：

官渡之战前，许攸投奔曹操，献了一系列妙计，为曹操击败袁绍，夺得河北之地立下了赫赫功劳。但是，在曹军占领冀州城后，一次聚会，许攸却当着曹操众多部下的面，直呼曹操小名，说道："阿瞒，不是我献计，你能得到这座城池吗？"曹操部将许褚大怒，拔刀杀了许攸，曹操事后也只是责备了几句。

许攸因为一句话而死于非命，教训不可谓不深刻。许攸不懂得说话一定要看场合的道理，在庄重的场合，当着众人的面，说话大大咧咧，一点不顾忌曹操的面子，触怒了曹操部下，终于惹来杀身之祸。虽然曹操本人当时没有说什么，想必心中也早已动了杀机。

由此看来，许攸被杀，是因为在庄重的场合说了随便的话。

在日常生活中，也不乏说话不看场合的例子——

小赵和小李是同事，平时关系不错，在一起时总爱嘻嘻哈哈地开开玩笑。有一次，小李病重住院了，小赵去看望他，一见面就说："平时，我去健身房锻炼身体，总叫你一起去，可你就是不去。就你这体格，我看这次要玩儿完！"话音刚落，小李脸色煞白，生气地说："你说什么呢!"把他赶了出去，此后见了小赵也爱理不理的了。

小赵虽然是小李的好朋友，他在说那番话时也可能并无恶意，只是想促使小李"猛醒"，让他认识到锻炼身体的重要性，可是他在人家病床前非但不温言安慰对方，反而说那样的晦气话，就不免让对方听来分外刺耳。小李会想：你这是专门跑来咒我的吧? 看，因为"场合观念"淡薄，小赵一句话就几乎葬送了两人多年的友情。

不难看出，小赵被小李责怪，是因为在悲伤的场合说了不吉利的话。

当然，说话不看场合的情形远不止以上三种。例如在公开场合说一些只适合私下里说的话等，同样犯了说话不看场合的毛病，这里就不一一列举了。可见，不会说话的人，随心所欲，不注意场合，冒失开口，出语生硬，结果，小事也能变大事，没事也能变有事。那些不看场合的话，就好比火上浇油，雪上加霜，既伤人又害己。

比如在办公室里，就有一些禁忌话题，不能乱说。

一、忌说家庭财产之类话题：家庭财产之类的私人秘密，并不适合随口与人说。就算你刚刚新买了别墅或利用假期去欧洲玩了一趟，也没必要拿到办公室来炫耀，有些快乐，分享的圈子越小越好。被人妒忌的滋味并不好，因为容易招人算计。

二、忌说薪水问题类话题：很多公司不喜欢职员之间互相打听薪水，因为同事之间工资往往有不小差别，所以发薪时老板有意单线联系，不公开数额，并叮嘱不让他人知道。同工不同酬是老板常用的手段，用好了，是奖优罚劣的一大法宝，但它是把双刃剑，用不好，就容易促发员工之间的矛盾，而且最终会掉转刀口朝上，矛头直指老板，这当然是他所不想见的，所以对"包打听"之类的人总是格外防备。

三、忌说私人生活类话题：无论失恋还是热恋，别把情绪带到工作中来，更别把故事带进来。办公室里容易聊天，说起来只图痛快，不看对象，事后往往懊悔不迭。说出口的话就像泼出去的水，再也收不回来了。再说，把同事当知己的害处很多，职场是竞技场，每个人都可能成为你的对手，即便是合作很好的搭档，也可能突然变脸，你暴露的越多越容易被攻击。

四、忌说个人职场野心类话题：在办公室里大谈人生理想显然滑稽，打工就安心打工，雄心壮志回去和家人、朋友说。在公司里，要是你没事整天念叨"我要当老板，自己置办产业"，很容易被老板当成敌人，或被同事看作异己。如果你说"在公司我的水平至少够副总"或者"35岁时我必须干到部门经理"，那你很容易把自己放在同事的对立面上。在这个社会上，做人低姿态一点，是自我保护的好方法。你的价值体现在做多少事上，在该表现时表现，能人能在做大事上，而不在大话上。

第四章
回话看时机：用心回答，回得适宜

回话，看似平淡无奇，实际上却是一门相当高深的学问，如何把话回得动听、如何把话回到对方的心坎里，是一件相当不容易的事。

有些人天生性急，总是不假思索就脱口而出，往往等到察觉回错话的时候为时已晚；有些人则是沉默不语，该回话的时候不回，以为"沉默是金"，往往会错过许多大好机会。所以说，掌握回话的时机，对每个人都是很重要的。

智者选择回话时机

有这样一个故事：

有一天，国王在和大臣讨论问题的时候，国王问大臣："谁能告诉我，什么事情是这个世界上最难的？"大臣们七嘴八舌，有的回答这个，有的回答那个，其中一个大臣回答说："臣以为，世界上最难的事情是回话。"大臣还有一句话没有说出来：回话很难，回答国王的问话是难上加难。

其实，回话难也不难，只要把握好回话的时机，回话就会变得很容易。

有一次，墨子的一个学生子禽问墨子："老师，您认为回话多好还是回话少好？"墨子回答他说："你看那些生活在水边的蛤蟆、青蛙，还有逐臭不已的苍蝇，它们不分白昼黑夜，总是叫个不停，以此来显示自己的存在。然而，即使它们叫得口干舌燥、疲惫不堪，也没有人会去注意它们到底在叫什么，因为人们已经对这些声音充耳不闻了。但是你再看看司晨的雄鸡，它只是在每天黎明到来的时候按时啼叫，然而，雄鸡一唱天下白，天地都要为之震动，人人闻鸡起舞，纷纷开始新一天的劳作。两相对比，你以为多回话能有什么好处呢？只有准确把握说话的时机和火候，努力把话说到点子上，这样才能引起人们的注意，收到预想的效果啊！"子禽听了墨子的这番教诲，非常赞同，频频点头称是。

现实生活中，有很多人问话和回话都是不顾时间、地点与场合，想到什么说什么，常常把别人和自己置于尴尬的境地。台湾著名成功学家林道安曾经说过："如果一个人不会说话，那是因为他不知道对方需要听什么样的话；假如你能像一个侦察兵一样看透对方的心理活动，你就知道说话的力量有多么巨大了！"

　　另外，一个人回答的方式还可以反映出其情商的高低。情商比较低的人，在回话的时候，总喜欢把"我"字放在前边，这样的说话方式，往往是不受人欢迎的；而情商高的人，在说话的时候，会注意记得把"您"字放在前边，这样的说话方式很容易给人留下好印象，让自己获得好的人缘。在和别人交谈的时候，应当多以他人为主题、多尊重别人。有口无心，贪图一时口舌之快，有大脑无"意识"，只顾盲目发泄，只能表现出这个人的愚蠢、幼稚。所以，回话的时候要看时机。这样，才能让自己成为一个受欢迎的人。

把握时机，达成目的

在日常生活中，我们常常需要表达出自己的意见。在表达自己的意见的时候，要选择一个好时机，这样别人才容易接受你的意见。选择恰当的时机，恰当表达，则能够带来事半功倍的效果。假如不择时机地提意见，结果可能会引起别人的反感。因此，任何话都要三思而后说，不是什么时候都可以提意见的。该说的话，也要注意时机问题。《触龙说赵太后》一文中，触龙就很会把握说话的时机，最终说服了太后。

赵太后刚刚执政，秦国就加紧攻赵。赵国向齐国求救。齐国说："一定要把长安君作为人质才派兵。"赵太后不肯答应，大臣们极力劝说，太后明白地对左右的人说："有哪个再来说要长安君为人质的，我就要把唾沫吐在他的脸上。"

左师官触龙希望进见太后，太后气冲冲地等着他。触龙来到宫中，慢慢地小跑着到了太后跟前谢罪道："我脚上有毛病，不能快步地走，好久都没见您了。我私下里原谅自己，又怕您玉体欠安，所以想来见见您。"太后道："我靠车子才能行动。"触龙又问："每日饮食该没减少吧？"太后道："不过吃点稀饭罢了。"触龙说："我近来很不想吃东西，勉强散散步，每天走三四里，稍稍增加了一些食欲，身体也舒畅了些。"太后说："我做不到啊。"太后的怒色稍稍地消了些。

触龙又说："老臣的贱子舒祺年岁最小，不成器得很，而我已经衰老了，心里很怜爱他，希望他能充当一名卫士，来保卫王宫。我特冒死来向您禀告。"太后答道："好吧。他多大了？"触龙道："十五岁了。不过，虽然他还小，我却希望在我没死之前把他托付给您。"太后问道："男子汉也爱他的小儿子吗？"触龙答道："比女人还爱得很哩！"太后答道："女人格外疼爱小儿子。"触龙说："我私下认为您对燕后的爱怜超过了对长安君。"太后道："您说错了，我对燕后的爱远远赶不上对长安君啊！"触龙言道："父母疼爱自己的孩子，就必须为他考虑长远的利益。您把燕后嫁出去的时候，拉着她的脚跟，还为她哭泣，不让她走，想着她远嫁，您十分悲伤，那情景够伤心的了。燕后走了，您不是不想念她。可是祭祀时为她祝福，说：'千万别让她回来。'您这样做难道不是为她考虑长远利益、希望她有子孙能相继为燕王吗？"太后答道："是这样。"

左师触龙又说："从现在的赵王上推三代，直到赵氏从大夫封为国君为止，历代赵国国君受封为侯的子孙，他们的后嗣继承其封爵的，还有存在的吗？"太后答道："没有。"触龙又问："不只是赵国，诸侯各国有这种情况吗？"太后道："我还没听说过。"触龙说道："这大概就叫作：近一点呢，祸患落到自己身上；远一点呢，灾祸就会累及子孙。难道是这些人君之子一定都不好吗？但他们地位尊贵，却无功于国；俸禄优厚，却毫无劳绩，而他们又持有许多珍宝异物。（这就难免危险了。）现在您使长安君地位尊贵，把肥沃的土地封给他，赐给他很多宝物，可是不乘现在使他有功于国，有朝一日您不在了，长安君凭什么在赵国立身呢？我觉得您为长安君考虑得太短浅了，所以认为您对他的爱不及对燕后啊！"太后答道："行了，任凭您把他派到哪儿去。"于是为长安君准备了上百辆车子，到齐国作人质。齐国于是派兵救赵。

能在最适宜的时机，说出最适宜的话，这才是最会说话的人。否则，如果说话的时机把握得不好，那你说出的话再漂亮，也是没用的废话。

最佳时机，不可错过

我们每天都会说很多话，说话看似平淡无奇，实际上却是一门相当高深的学问，要如何把话说得动听、如何把话说到对方的心窝里，让对方心悦诚服，的确是一件很不容易的事。有些人天生急性子，说话总是不经过大脑，脱口而出。说出去的话就像泼出去的水，等到说错话的时候再来挽救，已经来不及了；有些人信奉"沉默是金"，该说话的时候也不说，不懂得把握说话的适当时机，结果往往错过许多说话的大好机会。

说话要把握最好的时机，要把话说得恰到好处。卡耐基强调最重要的一点就是把握住说话的时机。孔子在《论语·季氏篇》里说："言未及之而言谓之躁，言及之而不言谓之隐，不见颜色而言谓之瞽。"意思就是说：话还没说到那里，就发言了，是毛躁的表现；话题已经说到这里，你本来应该继续往下说，但是你却吞吞吐吐，遮遮掩掩，这是隐瞒；说话不看别人的脸色，张口就说，这叫闭着眼睛说瞎话。这三种情况都是因为说话不看时机。说话是直接的语言交流，从来就不是一个人的事。两个人面对面，还要受到周围环境的种种限制。该说话的时候不说，就会失去大好的机会。把握好说话的时机，把话说到点子上，事情可能很快就办成了。说话时机的把握，有时就在瞬息之间，稍纵即逝。因此，把握好说话的时机，比掌握、运用其他说话技巧更难、更重要。

说话的时境包括自然环境、社会环境、心理环境、语言环境，涉及的范围相当广，可以说，一个人说话是以整个社会生活为背景的。要把握好说话的时机，就不能不对说话时境与说话行为之间的变化规律及特点有一个基本的认识。

职场中的事情，很多时候都不是非黑即白、非此即彼。因此，职场人要学会在最合适的时候对最合适的人用最合适的方法说话。一个人热情开朗，能在很多场合充分表现自己，是件好事。但是如果说话过度，不看时机，就会惹人厌烦了。

笑笑热情、开朗、不拘小节，刚刚参加工作不久。笑笑有一个关系很要好的朋友小米，她们一起上班、下班，形影不离。但是最近一段时间，上下班她们都各走各的，在公司也互不理睬，办公室的人觉得很奇怪，一打听，原来她们两人因为一件事情闹了别扭。

事情的起因是公司要开招待会，答谢客户。小米的手里刚好有一个策划案，她想借此机会向圈内一位小有名气的策划人指教。于是将他也列入了邀请名单。笑笑看到邀请名单之后，也很兴奋，说这个人的确很厉害，自己也想见一见。

于是在招待会那天，小米就向策划人引荐了笑笑。笑笑看到策划人之后，立即变得很兴奋。笑笑反而变成了主角，跟策划人聊她认为成功或失败的案例，不亦乐乎。小米在旁边根本插不上话。小米拼命地想把话题往自己的策划案上引，但是笑笑不懂小米的用意，依然滔滔不绝，不仅小米开不了口，连别人也只有笑着听的份。

他们聊得很热闹，其他人也被吸引了，大家纷纷聚拢过来聊天。从自驾出游到楼市的涨落，从美国的外交政策到好莱坞明星，不管说到哪里，笑笑都口若悬河。

最后，小米实在忍无可忍，拂袖而去。她事先准备了好几天的策划案，就在笑笑的舌灿莲花中化为泡影。

说话的时候要看时机，该说的时候说，不该说的时候就要闭上自己的嘴巴。尤其是在职场中，很多时候，回话要看时机，要谨慎。涉及个人的话题要慎重，自己的秘密也不要轻易地告诉别人，以免授人话柄。

不回废话，一语中的

在这个竞争激烈的社会中，要力争上游，就要善于表现自己，让自己成为焦点。说话是引起别人注意最直截了当的方式。不要害怕别人批评你喜欢表功，而是要关注自己的努力是不是有人注意到了，自己的才华是不是被埋没于无形中。要想办法做个"有声音的人"，来引起老板的注意。在向老板汇报工作的时候，要讲究方法，先说结论，如时间够充分，再细细地谈论。如果是书面报告，不要忘记在上面签上自己的名字。此外，还要设法将成绩告诉你的同事或是下属，他们的宣传效果远比你自己的宣传好得多。把握好会议时的发言也是至关重要的，因为会议是同事、主管、老板及客户之间不可多得的沟通渠道，会议发言是展现能力和才华的大好时机。

人与人之间沟通的最主要的媒介是语言。一天的二十四小时中，除了睡觉时间，大部分时间都在与人交流，所以语言也就成了生活当中重要的工具。说话很容易，张张嘴就可以了。但是，要把话说得有水平，说得恰到好处，就不是一件容易的事情了。很多人在说话的时候不考虑后果，想到什么就说什么，不去思考这些话说出去会产生什么样的影响，甚至根本不清楚自己说这些话的意义和目的。直接或者间接地制造了很多过失。当然，造成这样的过失的人都有一个通病：好自夸、充内行；得理不饶人，说话尖酸刻薄，让别人下不来台。更过分的是：有些人为了满足自己的好奇心，想尽办法打听别人的隐私，知道后又大肆宣扬，破坏别人的声誉。还有一些人口是心非，喜欢阿谀奉承。

所谓不同的人说不同的话：见人说人话，见鬼说鬼话，不人不鬼说胡话。

在职场上，很多人都面临着这样一个问题：想要加薪，但又不知该如何向上司开口。这个话题比较敏感，说的时候审时度势就变得很重要。只有在时间、地点、场合都对的条件下提出来，才有可能达到目的。否则，贸然说出来，只会让老板觉得反感，认为你不懂事。

有社会经验的人都知道，面对不同的对象、不同的事情，在不同的时间，说话的方式是不一样的。沟通的技巧要视情况而定。比如在某些时候，要先听后说；而在另外一些时候，要先表明自己的立场和观点，等等。沟通技巧有很多，我们要根据每一个人的背景、经验以及所处时机的不同，采取不同的说话方式和处事方式。一句同样的话，在不同的时间、场合说出来，就会产生不同的效果。

有一次李明和同学张翔一起参加一位因病早逝的同学的丧礼。丧礼结束之后，李明对着张翔问了一句："你的事准备什么时候办？"张翔先是一愣，随即明白李明问的是自己的婚事，一时间有些不知道怎么回答，场面甚是尴尬。如果不是因为刚刚参加完丧礼，这句问候是表示关切的。然而在这个时间问出来，却会让对方觉得很别扭。

回话的时候要把握好回话的时机，在适当的时候说适当的话。这样说出来的话才有价值，也才能达到目的。否则，就会造成不好的影响。

回话的时候还要注意察言观色。很多人在回话的时候不看对方，心里想什么就说什么，也不注意别人是不是愿意听，完全不去理会别人的感受。如此漠视别人存在的说话方式，不仅容易得罪人，而且也无法发挥言语上的影响力。因此在说话的时候，一定要看着对方，不要单凭自己的喜好说话。只有适时地察言观色，才能让你的言语受到尊重。

在和别人交流的时候，也要注意自己声音的强弱。回答的声音太大，会给人很不舒服的感觉。哪怕你回的话很有价值，对方也不见得会接受。毕竟咄咄逼人的声调，只会让人敬而远之，根本无法达到回话的目的。注意声音的强弱，才能让回答的话达到实质的效果。

抓住重点，回话有方

回话最重要的是要有重点，否则说了一大堆话，不仅达不到目的，还浪费时间。两个人在吵架的时候，往往是没有重点的。因此在回话时，一定要掌握重点。话说得过多，就可能把重点给掩盖了，反而失去说话的意义。

虽然我们并不需要成为演说家或谈判高手，但是，我们也应该建立一种适当的说话方式，如此才能拥有良好的人际关系，也才能让说的话发挥沟通的作用，否则所说的话都会变成废话。

如果你说的话别人听不懂，可能是因为你没有说到重点。这个时候你一定要重新审视自己说话的内容，而不是自说自话，让冷静的思想配合理性的说话术，才能让自己的见解得到别人的肯定。

有一位叫秦武的男孩，长得又高又壮，他的父母亲担心他在学校会欺负人，所以对他的要求非常严格。要他学会忍耐，要他与人为善。结果同学们都以为他光长个儿不长力，经常欺负他。秦武对父亲说："我真想狠狠地揍他们，但我知道这样做妈妈会生气。"父亲没有理会他。很快两年过去了，秦武又向父亲诉说自己的委屈。这时，父亲感觉时机成熟了，就对他说："使用武力并不能解决问题，你可以通过其他的方式解决。要让你的同学们知道，你是有自尊的，为了维护自尊，你不能再忍受他们的欺负了。"秦武记住了父亲的话，当那几个经常欺负他的孩子戏弄他的时候，秦武并没有像往常一样站在那里忍受奚落，而是先用语言警告他们。结果越是警告，他们越放肆，秦武"被迫出手"，把其中两个紧紧摁在篮球场上，但没有打他俩，只等他俩告饶为止。后来，秦武和那两个孩子都各自承认了自己的错误，并握手言和。

　　试想，如果秦武的父母亲在他还没有练得一定素养的时候，就允许他对欺负他的同学"自卫还击"的话，那秦武肯定会对那些人大打出手。秦武的父亲选择那样的时机教导他，让他"通过其他的方式"解决问题，其主要原因就是他认为自己的孩子已经知道怎样把握好分寸了。

　　在现实生活中，有很多人自不量力，喜好幻想。然而，幻想的东西本是虚无缥缈的，不能和现实混为一谈。生活中，相信很多人都有过这样的经历：在得意忘形的时候，说自己从来没犯过什么错误，跟着就会犯错误。如果说这是巧合的话，为什么这种巧合总是用于惩罚说话不讲时机，尤其把大话说在前面的人呢？有人辩解道：这正是上帝的旨意，因为上帝是不喜欢不分时宜地讲大话、吹牛皮的人的。然而事实的关键是此前你是否知道什么话该在什么时机说。所以每个人在说话的时候，都要把握讲话的时机，以免给自己造成不必要的麻烦。

　　说话是一种权利，更是一种责任。"夫者存亡，嘴舌有责。"这"嘴舌"作为一个人存亡的不可忽视的部分，与权责不可割断。但人有说话的权责并不说明人就可以毫无顾忌地胡言乱语。古人说："舌为利害本，嘴为祸福门。"就是提醒人们：一个人说话的水平，在很多时候会决定一个人的命运。好话可以利己利人，坏话则害己害人。其实，好话、坏话本身并无明确之分，关键是在什么时机说出来。一个人会不会为人处事，关键是看他会不会说话。把握好说话的分寸，能使人与人之间相处得和谐圆融，如果把握不好，就会导致各种不良的后果。就分寸的本义而言，它就是一种不偏不倚、可进可退的中庸哲学。说话时把握好分寸，正是这种哲学的实际应用。

　　说话选择时机和为人处事一样，时机的"分寸"是无所不在的。为人处事讲究的是要视时机、事件、对象和场合而定的。说话时机的分寸同样如此。在与人相处的过程中，如果说话的时机把握不好，他的话就很难打动他人，求人帮忙时就更难说服他人。更别说做到愉快地与人交往了。既然是交往，那么在语言上就应该与人为善，同时也应该学会维护彼此的尊严和权利。要做到二者兼顾，就必须把握好每一句话说出口的时机。时机是分寸的调和剂，摸清这种调和剂的真谛，你就能轻易地把握得心应"口"的说话能力了。

职场明星是超级沟通家，但不表示他喋喋不休，他们知道在适当时机、用适当语言说话。在提出报告、写备忘录、和人交谈时，他们会去了解哪种语言能打动听众，哪种语言会产生预想的效果。对有些事情，不能够太过执着，有效的方式是在适当的场合、适当的时机，以适当的方式表达自己的观点。

该说不时就说不

在生活中，我们常常会拒绝一些事或者一些人。比如，好不容易有了一个周末，正想好好休息一下，推销员却不期而至，说什么"给您送礼来了"，对着你死缠烂打；电话铃忽然响了，是某家电器公司的推销人员，向你介绍一种最新产品，是如何的物美价廉；本来经济就有点紧张，却有朋友告诉您"××要结婚了，我们是否祝贺一下""××刚生了小孩，我们去看看吗"；当你正在办公室聚精会神地工作，来了一位工作刚告一段落的同事对你说："休息一下，别那么累。"刚送走这位同事，另一位同事又过来了，想和你聊聊天。如果你对他们都热情地奉陪到底，那么这半天就泡汤了，什么事都做不成了。对付"聊天客"，你可以说："真抱歉，今天的工作特别多，再不加班加点都完不成了。"稍微知趣点的人，都会立即退出办公室。在生活中，说"不"是一门艺术，是需要技巧的。因为很多时候，拒绝比接受要困难得多。

"不"字是一个情绪强烈的负面词，当我们对上司、对朋友使用它时，一定要面带微笑，语气亲切。即使是面对素不相识的营销人员，也要讲究方式和方法。

在生活中，要学会一些说"不"的技巧。尤其是对来自亲戚朋友的请求，更要学会一些拒绝的技巧。假如我们担心老朋友埋怨我们不近人情，害怕别人说我们不愿意帮助人，因为怕伤害别人的自尊心或者怕拒绝别人给别人带来不愉快的感受和麻烦，便轻易答应一些自己办不到的事情，结果反而会使自己陷于无穷的烦恼和纠缠中不能自拔，这样不只浪费了自己的时间，还浪费了自己的精力，伤害了自己与朋友的感情。

当你在拒绝朋友的请求的时候，一定要讲究方法。态度要温和，尽管说"不"是自己的权利，但仍然要先说"非常抱歉"或者说"实在对不起"，然后再详细陈述自己不能"帮忙"的各种理由。这样，才不至于让朋友面子上特别过不去，在感情上也比较容易接受，从而避免一些负面影响。

在拒绝朋友的时候，你要让对方感觉到：你拒绝的是这件"事"，而不是拒绝他这个人。要让朋友感觉到，虽然这件"事情"被拒绝了，但在你心里，他还是你很要好的朋友。你可以这样对他说："这件事我非常乐意干，但是很不巧，现在我的手头上有一件急事要处理，实在脱不开身。下次您再有这样的美差，我一定干。"你还可以这样说："这几天我实在脱不开身，您是否请小赵过来帮忙，他这方面的业务比我精通。您若是不便找他，我可以代您向他求助。"

在拒绝朋友的请求的时候，语气不要太生硬。要让朋友意识到你是为了他的"利益"而拒绝的。你可以这样说："我非常同情您，也非常想帮助您，但对这件事我并不在行，一旦干坏了，既耽误了工作，又浪费了财物，影响也不好。您不如找一个更稳妥的人办。"或者说："您的事限定的时间太短了，我若轻易接下来，在这么短的时间内，肯定干不好。您可以先找别人，实在不行了咱俩再商量。"即使这位朋友转了一圈回来再求你，你已有言在先，这时你就可以提出一些诸如推迟完成日期之类的条件。如果这位朋友认为不行，他自己就会另请高明去了。

如果朋友请求你帮助的事情确实考虑不周，你还可以耐心地、实事求是地给朋友分析这件事做与不做的利弊。让朋友自己得出"暂时不办此事"的结论。

一般在工作的时候，每个人都有自己要完成的任务，大部分时间都比较忙。当然，在工作中互相帮助是好事，但如果在帮助别人的时候妨碍了自己的工作，就应该学会拒绝。

当然，拒绝他人也不是一件容易的事，需要讲究技巧。比如，在拒绝接受不善于体谅他人而又十分苛刻的上司的要求时，通常都被视为不可能的事。但是，有些老练的时间管理者却深谙回绝的方法，经常将来自上司的原已过多的工作，按轻重缓急编排办事优先次序表。当上司提出额外的工作要求时，即展示该优先次序表，让上司决定最新的工作要求在该优先次序表中的恰当位置。这种做法具有三个好处：第一，让上司做主裁决，表示对上司的尊重；第二，行事优先次序表既已排满，任何额外的工作要求都可能令原有的一部分工作无法按原定计划完成，因此除非新的工作要求具有高度重要性，否则上司将不得不撤销它或找他人代理，就算新的工作要求具有高度重要性，上司也不得不撤销或延缓一部分原已指派的工作，以使新的工作要求能被办理；第三，部属若采取这种拒绝方式，可避免被上司误会成是在推卸责任。因此，这也是一种极为有效的拒绝方式。

拒绝也要看时机

生活中，大多数人都有这样一种心理，当别人在请求自己做某件事的时候，不好意思拒绝。有时候，即使知道那件事自己可能做不到，也会勉为其难地应承下来。结果，不仅给自己增添很多无谓的烦恼，也会让别人觉得你没有用心去做。很多人在拒绝别人的时候，因为不好意思，所以在态度上犹豫不决，说话吞吞吐吐，欲言又止，欲藏又露。在这种心理的制约下，最终往往是依照对方的意图行事。即使拒绝了对方，其态度也容易使对方产生误解，认为你成心拿架子，不够朋友。因此，要想使自己在工作和社会交往中，不致惹出许多麻烦，首先要克服这种"不好意思"的心理障碍。

国外研究拒绝艺术的专家强调，要建立这样一种意识："你有权利说不，你不必因为对人拒绝了一件事而感到不好意思。"这样，你在拒绝别人的时候就会心地坦然、举止大方、态度明朗，避免被误解和猜疑。即使对方开始会对你的拒绝产生一点失望和遗憾，但由于你的态度表情向对方表明你是坦诚的，使对方受到感染，容易弱化对方心中的不快。如果你自己都觉得拒绝不应该，心里发虚，那么你的态度表情就会迟疑不决，对方也会觉得你拒绝的理由是不可信的。

比如，在商场买衣服，你看中了一件裙子，款式和颜色都让你十分满意，但在在价钱上你却觉得不够理想，看到售货员的热情服务，你又觉得如果不买这件裙子，觉得很不好意思。有的售货员就是利用顾客的这种心理，你越是犹豫，她的服务就越是热情周到，帮你量好尺寸、试大小，甚至动手包装好，放进你的购物袋里，造成既成事实。

对于初次交往的男朋友，你心里也许还在犹豫，还在考虑是不是要接受他，因为他的长相实在让人爱不起来。但是，由于这个人是你的好朋友介绍的，或者这个人就是你好朋友的好朋友，使你在拒绝上产生了犹豫。虽然每次见面都会让你觉得不舒服、不愉快，恨不得马上逃得远远的。但一想到对方的身份，你就不得不仔细斟酌。小伙子却对你一见倾心，脉脉温情，你的好朋友也觉得好事可成。随着时间的推移，你一再丧失拒绝的机会，勉强从事，这样的婚姻是不会幸福的。

生活中，不知道有多少人就是因为不好意思说出那个"不"字，而买了不称心的衬衫，嫁了自己不喜欢的男人，答应了自己办不到的事情，耽误了自己不应该耽误的约会。

在你日常的工作和生活中，很可能也会遇到下列的情形：一个品行不良的熟人来缠住你，非要向你借钱不可，但你知道，如果把钱借给他，便是肉包子打狗———一去不回头；你的顶头上司在增减人员上向你提出一些建议，但是这些建议又不符合公司现实情况。

在你遇到这些情况的时候，肯定会加以拒绝。可是在拒绝之后，也许就会伤了和气，遭人厌恶，被人误会，甚至和别人结怨。要避免这种情形发生，唯一方法就是掌握拒绝的艺术，要运用些聪颖的智慧。有这样一个事例：

在美国某电子公司的一次会议上，公司经理拿出一个他设计的商标征求大家意见。

经理说："这个商标的主题是旭日。这个旭日很像日本的国旗，日本人民见了一定乐于购买我们的产品。"

营业部主任和广告部主任都极力恭维经理的构想，但年轻的销售部主任说："我不同意这个商标。"经理听了感到很吃惊，全体人员都瞪大眼睛盯住他。

销售部主任没有同经理争论那个带红圈圈的设计是否雅观，而是说："我恐怕它太好了。"

听了这句话，经理觉得很纳闷，然而脸上却带着笑说："你的话叫我难理解，解释来听听。"

"这个设计与日本国旗很相似，日本人喜欢，然而，我们并不止日本一个市场，我们还有另外一个重要的市场：中国。仅仅考虑到日本市场而忽略了中国，这不是同本公司要扩展对华贸易营业计划相抵触吗？这显然是顾此失彼了。"

"天哪！你的话高明极了！"经理叫了起来。

向有权威的人士表示反对或拒绝，在回话时，你一定要有充分的理由，还要注意技巧。年轻主任用一句"我恐怕它太好了"先抚平了经理的不快，使他不失体面。后来他用更充分的理由，提出反对经理的意见，经理也就不会感到下不了台。

第五章
回话分曲直：随圆就方，巧妙应答

在回答别人的问话时，要讲究方圆曲直，该回答的就回答，不该回答的就不要乱回答。有些话适合直接回答，但是有些话需要运用一些技巧委婉地回答。

回话不要太直接

很多时候，装装糊涂、说说糊涂话还是很有好处的。在人生中，人们定会遇到许许多多令对方"难堪"的情境。对此，我们可以借助于"糊涂"，"忍让"一下，不过于斤斤计较，暂时"吃点小亏"，作点"退让姿态"。这种"糊涂"可以给对方解围，也能让对方对你产生感激之情。

一家旅馆招聘侍者，面试应聘者时有这样一个问题："有一天，当你走进客人的房间，发现一女子正在裸浴，你应该怎么办？"

应聘者争先恐后地抢着回答。

有的说："对不起小姐，我不是故意的。"面试官听后，摇了摇头。

有的说："小姐，我什么都没有看见。"面试官听后沉默不语。

最后，有个应聘者说："对不起，对不起先生。"结果，他被录用了。

被录用的应聘者巧妙地使用了糊涂的语言，使客人得到了心理上的安慰，同时也得到了面试官的赏识。

在生活中，你经常会碰到一些不想回答但又不能不回答的问题。这时候，你可以巧妙地使用糊涂语言进行回答。

阿根廷著名的足球运动员迪戈·马拉多纳在世界杯上和英格兰球队相遇时打入的第一球是颇有争议的"手球"。传闻，一位记者曾拍下了"用手拍球"的镜头。

赛后，一位记者问他："那个球是手球还是头球？"他机敏地回答："手球一半是迪戈的，头球一半是马拉多纳的。"马拉多纳的回答是故意在装糊涂，但却颇具心计，倘若他直言不讳地承认"确实如此"，那么无疑承认了这场比赛的不公平性。但是，如果不承认，又有失足球明显的风度。这妙不可言的"手球一半"与"头球一半"，等于既承认了球是手臂撞入的，颇有明人不做暗事的大将气度，又在规则上肯定了裁判的权威，具有君子之风。

在与人交流时，使用糊涂语言是很重要的。在与人交谈时，使用糊涂语言还有一个重要的用处，就是能够给人台阶下，使双方皆大欢喜。

装糊涂在人际相处上很重要。心胸开阔些，宽容大度些，也就"大事化小，小事化了"了。如果出现意见不一致，争论一阵，分不出高低，便不必争论了。没有多少原则性的大是大非，何必非争个清楚明白呢？你认为自己的意见正确，对方同样认为自己正确，这样，就应当装糊涂，让争论在和平的气氛中结束。

有时候，话说得过于明白真实，反而达不到好的效果。如果能够说得含糊一点，说不定会起到更好的作用。在现实生活中，糊涂语言有着广泛的应用。碰到一些很尴尬的情景的时候，糊涂语言就能派上大用场。

遇事不自作聪明，要学会给人面子，留余地。糊涂不是昏庸，而是为人处世豁达大度，拿得起，放得下。办事糊涂学告诉人们不要太执着，要学会想得开，看得开。该糊涂的时候就糊涂，只有这样才能把事情办成功。

常言道："大事清楚，小事糊涂。"对原则性问题，要清楚，处理要有准则，而对生活中无原则性的小事，不必认真计较。

清代著名诗人、书画家郑板桥曾写过一个"难得糊涂"的条幅，条幅下面还有一段小字："聪明难、糊涂难，由聪明转入糊涂更难……"。自然，这里讲的"糊涂"是指心理上的一种自我修养，意在要明白事理，胸怀开阔，宽以待人。

对于日常工作、生活中的许多纠纷与小事，在双方感情好时常常被忽略，而感情不好时就会被放大，搞得剑拔弩张。心理学研究表明，感情常常带有盲目性、冲动性和时间性，聪明的人在处理这类纠纷时常采用"不置可否""听其自然"的方法，也称为"冷却法"。人们的感情冲动常会因时间的消逝而冷静下来，此时再看这些纠纷是何等的不值得，矛盾也会随之化解。倘若过分热衷于搞清谁是谁非，一味地斤斤计较，或只顾发泄心中的愤恨，则无异于"火上浇油"，反而会激化矛盾。

在处理某些感情冲突时，在适当的情况下，"糊涂"一下是很有必要的，尤其是当你处于困境或遭遇挫折之时，"糊涂"更能显示出它的价值。它会帮助你消除心理上的痛苦和疲惫，甚至逾越难以想象的鸿沟。这是因为，"糊涂"也是乐观主义精神的一种体现。

古人说："己所不欲，勿施于人。"如果每个人都能设身处地地为别人想一想，人间自然会多一些快乐。处处抢先、事事占便宜的人多半要付出更高的代价。一切事只要自己问心无愧，不曾主动地去与人为敌就可以安心了。如果一味拘泥于别人的看法，会活得很累。

宋朝宰相韩琦，以品行端正著称，遵循着得饶人处且饶人的生活准则，从不曾因为有胆量被人称许过。可是，他处理的事情都得到了众人的好评，得到了大家的敬重。与之相反的是，《红楼梦》中的王熙凤做人可谓精明，依仗贾母宠爱和自家背景，上欺下压，最后令众人生厌，郁郁而死。可见，做人不能不精明，但也不能精明过头。

做人精明露骨，则是一种小聪明。一个人不能把自己的聪明全部都写在脸上，需要的时候做到揣着聪明装糊涂，才是真正的聪明，才能在社会上很好地生活下去。

一般来说，"小事糊涂"的人，比起事事处处"精明"的人，更好相处，更容易成为睦邻好友。

圆滑回话，学会拐弯

自以为是的人总觉得自己的见解没有错，容易把话说满，不给自己留下余地。杯子留有空间，是为了轻轻晃动时不会把液体溢出来；气球留有空间，是为了不会因轻微的挤压而爆炸；人说话留有空间，是为了防止"例外"发生而让自己下不了台。

大话连篇的人，将事情的结果吹得天花乱坠，实际行动却不见几分，难免让人觉得华而不实、难以信任。不如低调一点，做的比说的多，多干活少说话，用实际行动证明自己的价值。把话说得太满、太大，就像把杯子倒满了水，再倒就溢出来了；也像把气球灌饱了气，再灌就要爆炸了。不如留点余地，自己能从容转身。凡事总有意外，而这些意外并不是人人都能预料到的。话不要说得太满，就是为了容纳这个"意外"。

在做事的时候，对别人的请托可以答应接受，但最好不要"保证"，应代以"我尽量""我试试看"等字眼。上级交办的事当然要接受，但不要说"保证没问题"，应代以"应该没问题，我全力以赴"之类的字眼。这既是为自己做不到所留的后路，也无损你的诚意，反而更显出你的谨慎。别人会因此更信赖你。即使事没做好，也不会太责怪你。

一家酒店的服务员，发现客人陈先生结账后仍然住在房间，而这位陈先生又是经理的亲戚。如果直接去问陈先生何时起程，就显得不礼貌，但如果不问，又怕陈先生赖账。

于是，她考虑再三，想好了说辞后，敲开了陈先生的房门："您好！您是陈先生吗?""是啊！您是?"陈先生回答说。"我是酒店的工作人员。听说您前几天身上不舒服，现在好点了吗?""谢谢您的关心，好多了，"陈先生很感激地说。"听说您昨天已经结账，今天没有走成。这几天，天气不好，是不是飞机取消了？您看我们能为您做点什么？"服务员试探地问。"非常感谢！昨晚结账是因为我的表哥今天要返回，我不想账积得太多，先结一次也好。大夫说，我的病还需要观察一段时间。""陈先生，您不要客气，有什么事只管吩咐好了。"服务员弄清了原因，告辞离去。

这位服务员找客人谈话的目的是要弄清楚客人走还是不走。如果不走，就弄清楚原因。但这个问题不好开口，弄不好既得罪客人又得罪经理。她的话说得非常圆滑，先是寒暄一下，然后又问客人需要什么样的帮助，一副非常关心的表情，使客人深受感动，不知不觉中就说明了原因。

当我们为了某个目的与他人谈话时，话要回得圆滑一些。话说得太直，会激恼对方，即便是理在己方。回得圆滑一点，能给我们留下回旋的余地，从容地达到我们谈话的目的。

欲擒故纵，直话曲回

在平时的生活和工作中，人与人之间免不了要交流看法、沟通思想，当看到别人有不好习惯的时候，免不了有所劝诫。俗话说"良药苦口利于病，忠言逆耳利于行"，然而这些忠言却常常不招人待见，甚至被拒绝。结果是良言无效，好心没好报。由此可见，在劝人的时候，心眼要好，但是也要注意说话的技巧。只有这样，才能妙语劝人服。良言不逆耳，才能让人甘心接受，才能达到劝诫的效果。

在劝诫别人的时候，我们都希望让对方心服口服，达到劝诫的效果。但是人天生有种"劣根性"，顺耳的话听着就心里舒坦，而对于不顺耳的话则常常会产生反感。因此，在劝说别人的时候，说话要留有余地，让对方的思想拐过弯来。其实，做人不能"弯弯绕"，说话倒可以"绕弯弯"——直话曲说，这样"曲径通幽"，效果自然好。

周爷爷是个"酒精"考验的老干部。在年初的一次体检中，医生发现他肝部出现了病变，嘱咐他戒酒，但老人依然每天"杯不离手，酒不离口"。老伴好言相劝，老爷子充耳不闻，说得多了，他还不耐烦。没有办法，老伴只得让两个儿子出面做工作。大儿子性格直爽，快人快语，一进门就打机枪似的说："老爸，您还这么喝，哪是在喝酒，我看您是在喝命，大概是不想过这好日子了。您不听医生的话戒酒，有个三长两短，你让我们……"话还没有说完，就被老爷子给轰出去了。

没过几天，小儿子又回来了。一进屋，老爷子就说："你也是来劝我戒酒的吧？我劝你还是免开尊口。""爸，看你说的，我可是来陪您喝酒的!"小儿子斟了满满的一杯,递给老爷子,"不过,这是我最后一次陪您老喝酒了!""最后一次?"老爷子大吃一惊。"是啊,医生说我有酒精肝、脂肪肝,不能喝了,再喝会那个……唉,可酒这东西,我舍不得啊!"爱子心切的老爷子一听,连忙说:"再舍不得也要戒,酒精诚可贵,生命价更高啊!""戒什么戒,医生说的话也不一定对啊!我看您老喝了一辈子酒,身体不是照样好好的吗?爸,我真羡慕您老啊!"小儿子端起杯子,美滋滋地喝了一口。

"嗯……这个……你是不知道啊,不瞒你说,我肝也喝坏了,医生也要我戒酒呢!前天还和你妈、你大哥为这事生气哩!"老爷子支支吾吾,有点不好意思。小儿子作出惊讶的样子,说:"哦,这样啊,那您还……""别说了,儿子,"老爷子摆了摆手说,"从今天起,咱们爷俩一起戒酒,怎么样?""别呀!戒了酒多没意思呀。要不咱们先把白酒给戒了,高兴了就喝一点点既不伤身体又有营养的葡萄酒吧。"父子俩说话算话,真的把白酒给戒了。

大儿子在劝诫父亲戒酒的时候,疾言厉色,实话实说,用责怪的语气说父亲"哪里是在喝酒,我看您是在喝命",还说"如果有个三长两短,您可别怪我们……"等之类怄气的话,这样说,虽然话直理直,而且出发点也是为父亲的身体着想,但是听在父亲的耳朵里却觉得刺耳,因此他不但不领情,还发威把大儿子赶出家门。与之相反,小儿子就显得能说会道多了。同样是劝诫父亲戒酒,但是他所用的方式却和哥哥完全不一样,他没有直接劝父亲戒酒,而是先表明自己不是来劝父亲戒酒的,是来陪父亲喝酒的,并且表示"这是最后一次陪您老人家喝酒",然后再以自己的切身体会,诉说身体喝出了毛病,虽然想戒酒但是又舍不得,以此引起父亲对自己的劝诫,最后父子俩同病相怜,共同约定一起戒酒。如此直话曲说,欲擒故纵,言此意彼,因势利导,使父亲接受劝说自愿戒酒。

　　劝诫的语言，逆耳就不易入耳，不易入耳便不易入心，不易入心，何以利行？我们何不拐个弯儿，使忠言变得顺耳些，再顺耳些呢？

委婉回话巧办事

生活中，我们常常比较喜欢说话直爽的人。这种人通常没有什么心机，心直口快。然而有时候，说话太过直爽，却容易得罪人。很多时候，实话实说非但不能达到目的，还可能给对方留下很不好的印象。说话太过直爽，可能让别人不容易接受，而委婉的表达，能起到缓冲的作用，让听者能够在一种比较舒适的氛围中接受信息。

委婉含蓄是一种具有技术含量的表达技巧，是动用迂回曲折的含蓄语言表达本意的方法。说话委婉含蓄更能体现一个人的语言修养。这种表达方式，要求说话的人要有和顺谦虚的态度，内容曲折回环，表达含蓄、有回味。既让人深省，又容易被对方接受。

李泌是一位智勇双全的隐士。唐肃宗继位之后，想请他做辅国大臣，但他知道李泌生性倔强，如果颁下圣旨召他回朝，他断不会欣然从命。于是唐肃宗想了一个迂回曲折的办法。唐肃宗先特地命人去请李泌，刚开始并没有明说是让他做官，只是说会面叙旧。李泌当然是应召前来。唐肃宗见到李泌之后，当即就表示想任李泌为右丞相。李泌赶紧推辞道："陛下屈尊来待我，视我为宾友，其实已经比宰相显贵很多了。我可以在陛下身边多住些时日，有了想法，都当及时相告，为什么还要授予官职呢？"唐肃宗一听这些话，表面上装出无可奈何的样子，心里却暗暗高兴：李泌接受下山会面的要求之后，又接受了答应参谋军国大事的要求，这样一来，事情就会好办许多。从此，唐肃宗对李泌以礼相待，出门并骑，事事请教，有劝必从。这期间，李泌还为唐肃宗起草了颁发各地的诏书，甚至在立谁为天下兵马元帅，以及处理唐肃宗的长子与次子之间的关系等重大事件上，他也提出了自己独到的见解。对此种种，唐肃宗都欣然地接受了。

当然，唐肃宗并没有忘记自己请李泌出山的初衷。他想让李泌穿上正式的官服，成为他名正言顺的臣子，从制度上保证这一大谋略家永远侍候在自己身边，不想让他一直"登门槛"。

时过不久，李泌又给唐肃宗提出了一个很好的建议。他建议唐肃宗诏令长子广平王李叔为天下兵马大元帅，统帅诸将东征安禄山。李叔受命，请求父皇指派给他一个谋臣。唐肃宗清楚，只有李泌才是这位谋臣的最佳人选。于是他故意对李泌说："先生白衣事朕，志节高尚，朕亦深深佩服。只是前几日朕与先生一同去检阅军队时，曾有军士窃窃私语说，黄衣为圣人，白衣为山人，圣人和山人怎么能够混在一起呢？我需先生决谋定策，但也不能使军士滋生疑团，是不是请先生勉强穿上紫袍（五品以上官服为紫色），以消除大家的非议呢？"李泌心想，身着百姓衣服，夹杂在冠戴整齐的军人和朝官当中，的确很引人注目，不如披件朝服，倒能省却众人注目，于是就同意了唐肃宗的请求。唐肃宗急忙命人赐给最高级别的金紫色的官服。李泌穿上了官服之后，满脸笑容地去见唐肃宗。没想到唐肃宗紧接着又提出了更高的要求，笑着对李泌说："既然已经穿上了官服，又岂能没有官位？"说着把一纸敕文递给了李泌。李泌一看，自己已被授职"军国元帅府行军长史"，敕文上盖着镇国大印，如果抗旨拒绝的话，显然太不顾情面了。再说自己已心甘情愿地穿上了官服，再多加上一个官名又有什么呢？

从此以后，李泌就在朝为官，为平定"安史之乱"出谋划策，做出了突出的贡献。

上面的事例告诉我们：语言的表达方式是多种多样的，要根据谈话的对象、目的和情境不同，采用不同的说话方式。有时候，采用委婉的说话方式，能让谈话起到良好的效果。

美国《纽约日报》的总编辑雷特想招一位精明干练的助理。千挑万选之后，他将目光瞄向了年轻的约翰，他需要约翰帮助自己成名。而当时约翰刚从西班牙首都马德里卸任外交官职，正准备回到家乡伊利诺伊州从事律师工作。雷特请他到联盟俱乐部吃饭。吃过饭之后。他提议请约翰到报社去玩玩。

那时恰巧国外新闻编辑不在，于是他对约翰说："请您帮个忙，为明天的报纸写一段关于这消息的社论吧。"约翰自然无法拒绝，提起笔洋洋洒洒写了一大篇。文笔之优美，格里莱看到之后也是赞赏有加。于是雷特就提出了进一步的请求：请他再帮忙顶缺一星期、一个月，渐渐地干脆让他担任这一职务。约翰就这样在不知不觉中放弃了回家乡做律师的计划，而留在纽约做新闻记者了。

唐肃宗和雷特虽然没有直接表达出自己的想法，但他们用委婉的方式婉转地达到了自己的目的，说服了对方，让对方按照自己的意愿行事。上述事例告诉我们：有时候直说不如婉转地表达自己的意思，走迂回曲折的路线，更能达到自己的目的。

一句幽默话，化开三九冰

　　人与人在交往的过程中，难免会发生一些让人意想不到的状况。有时候，这种状况会让人异常尴尬。怎样来应付这种场面呢，怎样做到冷静处理，尽量缓和气氛，以免造成更大的麻烦呢？其实，在这种情况，不妨来点幽默，不仅可以缓和紧张的气氛，而且能最快最好地解决问题，使局面重新得到控制。有时候，一句幽默诙谐的玩笑话不仅能立刻化解令人尴尬的局面，还会赢得大家的尊重。

　　德国著名的将军霍夫曼，有一次到慕尼黑对军队进行考察。当晚，慕尼黑的军官俱乐部举行宴会，对他的到来表示欢迎。在大家举杯喝完酒后，一个服务员来给将军斟酒，由于紧张和激动，服务员居然一下子把酒洒到了将军的秃头上。当时，在场的军官和士兵看到这种情况后都非常紧张，不知道将军将如何大发雷霆来惩罚那个可怜的服务员。当然，服务员吓得脸都白了，脸上开始冒冷汗。这时，只见霍夫曼将军拿出口袋里的手帕，擦了擦脑袋，笑着说："小伙子，我这脑袋已经秃了二十年了，你这个方法我也用过的，谢谢你。可还是得告诉你，根本不管用！"就在大家的一阵哄笑声中，那个服务员也终于恢复了平静，他感激地向将军敬了个礼，流着眼泪退了下去。这时，大厅里响起了一片热烈的掌声……

　　试想，假如不是霍夫曼将军善用幽默，不知道那个可怜的服务员会陷入怎样的尴尬和自责中，而将军一句宽宏大量的玩笑话，就把尴尬的气氛缓和了，他不仅赢得了全体将士们的尊重，也提升了自己的人格魅力。

　　霍夫曼将军的事例告诉我们一个道理：有时候，一句幽默的话，似春日的暖阳，可以化开三九冰。

美国前总统克林顿有一次被记者围攻，记者问他："总统先生，对于媒体对您与 XX 小姐绯闻的报道，你有什么看法？"克林顿从容不迫地答道："取笑我的话已经被世人说尽了，再也没人能说出新鲜的了。"他的语言既尖锐又圆润，自嘲的同时也没有忘记反攻，一下子就把球抛到了记者手中，弦外之音就是：你们哪个有本事说出来点新花样来？我洗耳恭听。果然记者们顿时全部无言以对。如果克林顿直截了当地拒绝回答记者的提问，或者表现出抵触的情绪，必然会招致媒体的驳难四起，引发一轮更猛烈的进攻，那样的话自己就更加被动了。在这里他仅略施小技，就把记者们从语言上打输了。正是幽默帮助克林顿度过了难以逾越的难关。

英国首相威尔逊有一次在公开场合演讲。演讲刚刚进行到一半的时候，台下突然有个捣蛋分子高声打断了他："狗屎！垃圾！"

全场顿时一片安静，所有的听众都望着他，想看他如何处理这突如其来的状况。威尔逊虽然受到了干扰，但他情急生智，不慌不忙地说："这位先生，请稍安毋躁，我马上就会讲到你所提出的关于环保的问题。"

全场响起一阵热烈的掌声，人们情不自禁地为他机智的反应鼓掌欢呼。

物理学家牛顿与天文学家哈雷是很好的朋友，但最近他们却因为一件事情产生了严重分歧：牛顿是个虔诚的基督教徒，他认为是上帝给了地球"第一推动力"，哈雷则是个无神论者，相信事在人为。为了扭转哈雷的这个看法，牛顿精心布局，制作了一个太阳系模型。中间是太阳，四周的行星排列有致，一拉曲柄，行星便按照自己的轨道转动，和谐而又美妙。一天，哈雷到牛顿的家中看到了这种模型，不由得摆弄起来，他非常惊奇地问："如此巧妙之物，是谁造的啊？"牛顿摇了摇头说，不是造的，是一堆废铜烂铁偶然碰到一块儿形成的。哈雷说，绝对不可能，这一定是某个人造的，并且造它的一定是一位天才。牛顿觉得此刻时机到了，便对哈雷说："这个模型虽然精巧，但比起真正的太阳系，实在算不得什么。连模型你都相信是人造出来的，比模型精巧万倍的太阳系，难道不应该是被一个全能的神用高度智慧创造出来的吗？"哈雷听过之后，哈哈大笑。

　　生活中，经常会有这样的情况：有些人说一些话或者做一些事让你处于尴尬的境地，这个时候，如果你只顾化解自己的尴尬，完全不顾对方的感受，就会使对方也陷入尴尬之中，虽然将自己的尴尬化解掉了，可心里并不一定舒服。遇到这种场合，最好的办法是将错就错，索性把双方的尴尬一同化解掉，同时这么做也会赢得对方的好感。

　　有一次，托尔斯泰去火车站迎接一位来拜访他的朋友。他在站台上等朋友的时候，被一个刚下火车的贵妇人误认为是搬运工，便吩咐托尔斯泰到车上为她搬运箱包，托尔斯泰也没有为自己辩解，而是毫不犹豫地照办了，最后贵妇人还给了托尔斯泰五个戈比作为报酬。这时，来访的朋友下车见到托尔斯泰，连忙过来同他打招呼，站在一旁的贵妇人这才知道，原来这个为她搬行李的人竟是大名鼎鼎的托尔斯泰。贵妇人此时觉得非常尴尬，频频向托尔斯泰表示歉意，并且请求收回那五个戈比，以维护托尔斯泰的尊严。不料托尔斯泰却表示不必道歉，和蔼地对那位贵妇人说，没有必要收回那五个戈比，因为那是我应得的报酬。就这样，双方的尴尬在他的幽默中化解了。

　　幽默是一种智慧的表现，具有幽默感的人不论在哪儿都会受欢迎，可以化解许多人际的冲突或尴尬的情境，往往能使人怒气难生，带给别人快乐。

一语双关，含蓄回话

李宇最初在一所学校附近卖各种冷饮，然而每当夏天结束的时候，他的生意便不好做。有一年他灵机一动，写了两张广告词。一张上面写着：夏天已经过去，本店冷饮部分结束；另一张上面写着：天气逐渐转凉，本店热饮部分即将开张。同时，他准备了大量的热咖啡、三明治、面包、热汤汁等。如此一来居然受到了意外的欢迎，没过几年，李宇就成了百万富翁。

一个人的能力总是有限的，要取得成功，必然离不开别人的帮助。做生意的人，最在乎的就是有没有消费者。能否吸引更多的消费者，让消费者帮你"积资"，关键就要看你是否会说话会办事了。李宇这种双向思考，语意间含有暗示，在单纯的两个问题间，引诱消费者做出选择。巧妙的暗示是一种特殊的交流方式，是暗示者出于一定的目的，采用一定的方法，含蓄、巧妙地向对方发出某种信息，以此来影响对方的心理，使对方在不知不觉中接受自己意见，从而改变其行动。

在一个小区里，几位老同志向小区的管理员反映：楼上的小青年半夜三更还在唱歌，把音响开得很大声，吵得楼下的老同志睡不好觉。这属于两代人的生活习惯问题，如果把这个问题在小区会上公开的提出来，不仅会让老同志和青年人之间产生隔阂，还可能引起青年人的反感，从而引起相反的效果。

小区管理员想了一个办法，在一次和这些小青年的闲谈中，他讲了一则笑话：老年人睡眠浅，晚上很难入睡。在一个小区，有一个老太太和一个年轻姑娘住楼上楼下。姑娘上晚班，每天下班回家的时候，双脚一甩，鞋子"噔噔"两下，重重地落在地板上，每次都将好不容易才入睡的老太太惊醒。老太太给姑娘提了意见。当晚姑娘下班回家的时候，习惯性地甩出了一只鞋，刚甩出去，她马上意识到不应当，便轻轻地脱下了第二只鞋。第二天一早，老太太埋怨姑娘说："你一次将两只鞋甩下，我还可以重新入睡，你留下一只没有甩，害得我等你甩第二只鞋等了一夜。"

笑话说完之后，小伙子们悟出了笑话是有所指的，也明白了自己的行为影响了老年人的睡眠。以后，他们再也没有在半夜的时候吵闹了。生活中，人们常常喜欢说："有话请直说吧。"但直话直说也要分场合和时间，比如上述事例中，如果小区管理员把小青年叫到身边告诉他，晚上回来动作轻一点儿、不要打扰别人休息，或许所取得的效果就没有那么好了。

一个小男孩站在低低的柜台前面，凝视着一盒打开了的巧克力饼干。

"喂，小孩，你想干啥？"食品店老板跟他打趣道。

"哦，没什么。"

"是吗？我怎么觉得你好像是想拿一块饼干呢。"老板说。

"不，你错了，先生，我是想尽量不拿。"小男孩顽皮地回答。

老板不禁被小男孩的机智和可爱逗笑了，于是送给他一盒饼干，作为奖励。

这位小男孩很聪明，他一语双关，巧妙暗示的说话技巧，让老板心甘情愿地把饼干送给他。

在人际交往中，直话直说有时候并不能达到目的，而巧妙的暗示有时候却能四两拨千斤。

犹太商人费南度在旅途中被歹徒抢得一干二净，只好到附近教区会馆找会长，请求他安排能在安息日提供食宿的家庭。

会长查看了一遍登记簿，对费南度说："这个星期五，经过本镇的路人特别多，每家每户都安排有客人，只有经营金饰店的老板修美尔家没安排客人。但他一向都不喜欢接待外人。"

费南度思考了一会儿，对会长说："我会有办法让他接纳我的。"于是，他很自信地向修美尔家走去。恰巧，修美尔刚做完祈祷归来。费南度把修美尔拉到一旁，从大衣口袋里取出一个沉重的小布包，悄悄地对他说："砖头大小的黄金能卖多少钱呀？"

修美尔的眼睛霎时为之一亮。但已经到了安息日，安息日是不能谈生意的。修美尔心想：如果让他走了，他很可能去找其他经营金饰的同行，那岂不是失去了赚大钱的机会？于是他对费南度说："这个东西一时难以估价！安息日你就住在寒舍，等到明晚再谈吧。"

按照犹太教的规矩，每周第五天日落至第六天日落，这24小时为安息日。这期间不得从事任何谋生工作，更不能谈生意。

在安息日这天，费南度住在这个金饰商的家里，受到热情周到的款待。安息日一过，修美尔就急不可待地催促费南度把金子拿出来瞧瞧。

费南度故作惊愕状地说："什么金子银子呀？我只是想知道砖头大的金子到底值多少钱而已！"

巧妙的暗示是聪明人经常使用的技巧。一句相同的话用另一种不同的方式表达出来，就会取得不同的效果。

设置悬念，引人深入

回话是需要技巧的。一个会回话的人，不管在什么时候都能让别人心甘情愿地帮他。而一个不会说话的人，不但得不到别人的帮助，有时反而被别人认为是无理取闹。英国思想家迪斯累利说过："贤者的睿智与年岁的经验，将因引用而万古常存。"

从前，浙江有个香烟商人到上海去做生意。有一天，在上海南京路的一个繁华之地，他大谈抽烟的好处。突然，从听众中走出一个老人，径直走到台前。

老人在台上站定后，大声说道："女士们，先生们，除了这位先生讲的以外，抽烟还有另外三大好处哩！"浙江商人一听这话，连忙向老人道谢："谢谢您了，先生，看您相貌不凡，肯定是位学识渊博的老人，请您把抽烟的三大好处当众讲讲吧。"老人微微一笑，说道："第一，狗害怕抽烟的人，一见就逃。"台下一片轰动，商人暗暗高兴。"第二，小偷不敢去偷抽烟者的东西。"台下连连称奇，商人更加高兴。"第三，抽烟者永远不老。"台下听众惊作一团，商人更加喜不自禁，要求解释的声音一浪高过一浪。

老人把手一握，说："请安静，我给大家解释。"商人格外振奋地说："老先生，请您快讲。""第一，抽烟人驼背的多，狗一见到他以为是在弯腰捡石头打它哩，能不害怕吗？"台下笑出了声，商人吓了一跳。"第二，抽烟的人夜里爱咳嗽，小偷以为他没睡着，所以不敢去偷。"台下一阵大笑，商人直冒冷汗。"第三，抽烟的人很少长命，所以没有机会衰老。"台下哄堂大笑。此时，大家一看，烟草商人已不知什么时候溜走了。

这位老人讲话一波三折、层层推进，一步一步把听众的思维引向迷惑不解的境地，把听众的胃口吊得足够"馋"的时候，才不慌不忙地表达出自己的意思。

"抽烟对人的身体有害，是应该遭到反对的"，这是大家习惯性的思维。当老人一言不发地走向大谈抽烟好处的商人时，所有人都认为老人会提出反对的意见，然而老人说出的话却大出大家的意料，他不仅赞同商人的话，还大谈抽烟的好处，吊起商人和听众的胃口，他们都急切地想知道原因。最后，老人以幽默的话语作了妙趣横生的解释，不仅让听众开心，还揭穿了商人欺骗性的话语，让听众意识到抽烟的危害性。

古人说："文似看山不喜平。"在和别人交谈的过程中，如果能恰到好处地结下一个个"扣子"，设置悬念，听者在回旋推进的言论中产生"山重水复疑无路，柳暗花明又一村"的感觉，对你说的话也会有无穷的兴趣。

善用比喻，生动回话

比喻，就是打比方，即以彼物比此物。具体来说，就是人们在语言交际中要表达某一事物或道理时，运用联想或想象，引进另一种事物或道理，以便把要表达的事物或道理反映得更具体、更贴切、更生动、更富有感染力，使听者爱听，从而留下深刻印象。

刘向的《说苑》中有这样一个生动的故事。

有人对梁王说："惠子这个人说话善于用比喻。假若大王您不让他用比喻，惠子就没法说话了。"

于是，梁王对惠子说："希望你今后说话时不要用比喻了。"

惠子回答说："假若有个人不知道'弹'为何物，您告诉他'弹'就是'弹'，他能明白吗？"

梁王说："当然不明白了。"

惠子说："我要把我知道的事物告诉不知道这事物的人们，您说不打比方行吗？"

梁王说："不打比方是不行的。"

这个故事中，本来梁王是不让惠子再打比方，可是惠子又悄悄地打了一个比方，说服了梁王。

比喻一般由本体、喻体和喻词三部分组成。本体是被比喻的事物；喻体是用来作比的事物或对象；喻词则是标明比喻关系的词语，如"好像""恰似""像……一样"等。

一次，有人问爱因斯坦什么是相对论，爱因斯坦解释说："你同你最亲爱的人坐在火炉边，一个钟头过去了，你觉得好像只过了五分钟；反过来，你一个人孤孤单单地坐在热气逼人的火炉边，只过了五分钟，但你却像坐了一个小时。这就是相对论。"爱因斯坦用人们日常生活中的真切体验来解释高深玄妙的相对论原理，让普通人也能理解。

人们说话是为了描绘事物、阐述道理或表述情感等，要把这些东西表述得生动具体，使别人印象深刻，并不是一件容易的事。如果能运用贴切的比喻，就能化难为易，话半功倍，具有说服力。

第六章
回话分轻重：响鼓不用重槌敲

在回答别人问话的过程中，要把握好回话的轻重和分寸，对不同的人回不同的话。如果在生活中回话不分轻重，不考虑后果，一时兴起，回话没轻没重，就会说出一些过头的话，既伤害别人，也伤害自己。

蜻蜓点水，点到为止

在平时的生活中，我们要把握好回话的轻重和分寸。把握好这个分寸，就要在回话之前了解说话的对象——也就是听话人的情况。对一个明白事理的人说话，所说的话就不用太重，蜻蜓点水，点到为止。因为对方是个聪明人，一点即透。而如果听话的对象是个头脑不怎么聪明，或者悟性太差的人，那么说话的时候就要直白一些，否则对方可能听不懂。

在人际交往中，如果说话不分轻重，只凭着自己的性子乱说一气，肯定会带来不好的影响。

王梁是工厂里的一名组长，最近他的班组调来了一个名叫秦宇的人，别人对秦宇的评语是：经常迟到，工作不努力，以自我为中心，喜欢早退。过去的班长都对秦宇束手无策。第一天上班，秦宇就迟到了五分钟，中午又提前五分钟离开班组去吃饭，下班铃声响前的五分钟，他已经收拾好东西准备下班了。第二天还是一样。王梁观察了一段时间，发现秦宇缺乏时间观念，但是工作效率却非常高，而且成品优良，在质管部门都能顺利通过。于是，王梁微笑着对秦宇说"如果你的时间观念和你的工作效率一样优秀，那么你将成为一个完美的人。"以后王梁每天都跟秦宇说这句话，时间一久，秦宇觉得过意不去了，心想：过去的班长可能早就对我大发雷霆了，至少会斥责几句，但是现在的班长却毫不动怒。

感到不安的秦宇，终于决定在第三周的星期一准时上班，站在门口的王梁看到他，以更愉快的语气和他打招呼，然后对换上工作服的秦宇说："谢谢你今天能准时上班，我一直期待着这一天，这段日子以来，你的表现很好，如果继续发挥你的潜力，一定会得优秀奖的。"

王梁对待秦宇的迟到，没有采取喋喋不休的方式批评，而是点到为止，让其自行改正错误。

一个人说话要谨慎，因为自己一言不慎，可能会将责备的话语重重地压在别人的心头。生活中常常会遇到说话不考虑他人感受的人。说话不知轻重，不论场合，不看对象。只图一时兴起，什么该说的不该说的都说了出来，口无遮拦，想到什么就说什么；或者含沙射影，讽刺挖苦；或者无中生有，肆无忌惮。如此等等，就是不顾忌他人听了以后会产生怎样的感受。

生活中，很多人都有这样的经历，与人在一起的时候，本来还是比较开心的；可是，话一说起来以后，因为听到其中的一两句话仿佛是针对自己的，就像石头压在心头一样，心情一下子就变得沉重起来。有时候，不仅那一刻不快乐，甚至很长一段时间都被那一两句话折磨着。

自然，也许说话的人有时候也是无意的，也不是针对自己的，甚至根本没有恶意，但是，听话的人往往不能"释怀"。许多时候，朋友之间、同事之间、邻里之间的误会就是这一两句话造成的。

人与人的交往中，说话是一个重要途径。所以，无论何时，在与他人交流的时候，注意说话的"轻重"是十分重要的。

回话的轻重，不仅表现在回话的内容上，还表现为回话的语气、回话的感情、回话的态度、回话的节奏、回话的冷热等方面。总之，回答别人的问话，热情一点，温和一点，多一点理解，一定会受他人的欢迎。

硬话软说，回得高妙

每个人都喜欢听好听的话，这是人的共性。俗话说：忠言逆耳利于行。然而很多时候，逆耳的忠言别人不一定能够听得进去。比如，在面对别人的错误时，直接指出，可能会让别人接受不了，从而产生相反的效果。因此，在批评别人的错误时，我们可以采取委婉含蓄一点的方式，这样更能让别人接受。

批评别人的时候，要懂得说话的技巧，尽量不要用贬义词，口气不要太严厉，更不要用刺激性的语言，当然，话尽量不要说得太过直白。这样，被批评者才容易接受。有经验的人懂得批评时顾及他人面子，也懂得语气要委婉，因为这么做才能达到更好的效果。

在批评他人的时候，态度也非常重要。如果你在批评的时候只是一味地指责或告诉他你的看法，只会引起对方的讨厌和不满，达不到批评的效果。生活中，没有人喜欢被别人批评。可是如果你能以正确的方式批评别人，你将会获得较大成功。

很多年前，美国华易电气公司遇到了一件棘手的事情：他们准备撤去麦福尔的部长职位。

麦福尔在电学方面的造诣很高，算得上一位一等的人才。但是，他却不能胜任会计部部长之职，如果让他继续担任会计部部长，肯定会给公司造成很大的损失。因此，公司特别给他一个新头衔，请他担任华易公司顾问工程师，而会计部部长则另派人担任。

麦福尔很高兴，华易公司的主管人员也很满意。他们在平和的气氛中，调动了一位有怪癖的高级职员，其间并没有发生任何不愉快的事情，因为他们保住了麦福尔的面子。

上述事例告诉我们，不论是说话还是做事，都要顾全别人的面子，这是一件很重要的事。然而在现实生活中，很多人都不太注意这个问题。有些人在批评他人的错误时，总是不留一丝余地，找别人的错处，或者加以恐吓！当着别人面，批评自己的员工，丝毫不顾别人的自尊！

经过数百年的敌对仇视，土耳其人在一九二二年时，决定把希腊人驱逐出境。

土耳其总统凯末尔沉痛地向士兵说："你们的目的地，就是地中海。"经过残酷的斗争，土耳其取得胜利。当希腊的某两位将军向凯末尔请降时，沿途受到土耳其民众的辱骂。

可是凯末尔并没有以胜利者自居，更没有在失败者面前摆出一副骄傲的姿态。他握着两位将军的手说："两位请坐，你们一定感到疲倦了！"凯末尔谈过战争的情况之后，为了减少两位将军心理上的痛苦，随即对他们说："战争就像一场竞技比赛，有时候高手也会遭遇失败的。"

凯末尔虽然获得了光荣的胜利，可是他依然没有忘记一个重要的原则：那就是要顾全对方的面子。

刘林园是武汉一家木材公司的推销员，他与那些冷酷无情的木材审察员打了很多年的交道，常常发生口舌之争，虽然最后的结果总是他赢，可是他所在的公司也因此而赔了不少钱。刘林园决定改变以前的处事方法，不再与别人做无谓的口舌之争。

有一天上班时，刘林园办公室的电话铃响了，电话那边的人急躁不安地通知他，运给他们工厂的木材不合格，他们已停止卸货，要求刘林园立即把货从他们的货场运回去。原来在木材卸下四分之一时，他们的木材审察员报告说这批木材低于标准的50%，鉴于这种情况，他们拒绝接受木材。刘林园挂了电话之后立刻动身向那家工厂赶去，一路上想着怎样才能最妥当地应付这种局面。要是在以前，他一定会找来判别木材档次的标准规格，据理力争。根据自己做了多年木材审察员的经验与知识，力图使对方相信这些木材达到了标准，错的是对方。可是这次他并没有像以前那样做，他想改变处理问题的方法。刘林园赶到现场，看见对方的采购员和审察员表现出一副揶揄的神态，摆开架势准备吵架。刘林园走到卸了一部分的货车旁，询问他们是否能够继续卸货，这样他就能够了解情况到底怎样。刘林园还让审察员像刚才那样，把要退的木材堆在一边，把质量过关的木材堆在另一边。

看了一会儿刘林园就发现，对方审察得过分严格，判错了标准。因为这种木材是白松，而审察员却不懂白松木，只对硬木很内行，而白松木又恰好是他的专长。不过刘林园一点也没有反对他的木材分类方式。他一边观察，一边问了几个问题。刘林园提问时显得非常友好。听他这么一说，审察员变得热情起来，双方之间的紧张在逐渐消除。渐渐地，审察员改变了态度，他终于承认自己对白松毫无经验，开始对每一块木料重新审察，并虚心请教刘林园。

最终的结果是，对方接受了全部木材，刘林园得到了全价的支票。

这个故事告诉我们：委婉的语言能使批评在轻松愉快中进行，达到"直言"所达不到的效果。

批评别人时，话要说得委婉含蓄，这样才能让对方虚心接受，否则，非但不能达到批评的目的，还可能会引起相反的效果。会回话的人懂得把"硬"话说"软"，以达到自己的目的。

有效回话，留有余地

有句俗话："人情留一线，日后好见面。"生活中很多尴尬其实是自己一手造成的，有一些就是因为话说得太绝对。凡事多些考虑，留有余地，总能给自己留条后路，这在外交辞令中是见得最多的。每个外交部发言人都不会说绝对的话，要么是"可能、也许"，要么是含糊其词，以便一旦有变故，可以有回旋余地。话不说绝对是一个人老练成熟的标准。

某公司新开发了一个项目，老板将此事交给了下属李频，问他："有没有问题？"李频拍着胸脯回答说："没问题，放心吧！"

然而一周过去了，李频还没有任何进展。当老板问起他的时候，他才老实说："没有想象中那么简单！"虽然老板让他继续努力，但对他拍胸脯的信誓旦旦已经开始反感。

生活中，我们常常会听到某些人用斩钉截铁的口气说："我一定可以""我一定能办到""你还不相信我呀？"之类的话，可以说是张口就来。当然，这样的话语里蕴涵了一个人的自信，这是无可厚非的，但是有时候我们说话必须要留有余地，这就需要你根据具体的事实来说话，在比较正式的场合我们还是不要把话说得太绝为妙。

人人都讨厌大话连篇的人，吹得天花乱坠，实际行动却不见几分，难免让人觉得华而不实，难以信任。不如低调一点，做的比说的多，多干活儿少说话，用实际行动证明自己的价值。当然，也有人话说得很满，而且也做到了，即使这样，说满话也不可取，毕竟谦虚一些能留给人美好的印象，而一味拍胸脯说大话，总是让人觉得你不够稳重。何况，凡事总有意外，而这些意外并不是能预料的，话不要说得太满，就是为了容纳这个"意外"。

用不确定的词句可以降低人们的期望值，你若不能顺利地做成某件事情，人们因对你期望不高，最后总能谅解你，而不会对你产生不满，有时他们还会因此而看到你的努力，不会全部抹杀你的成绩；如果你能出色地完成任务，他们往往喜出望外，这种增值的喜悦会给你带来很多好处。

话不说满也表现在不要对他人太早下评断，像"这个人没指望了""这个人一辈子没出息"之类，浪子还有回头的时候，人一辈子很长，变化还很多，怎么能凭主观就评定别人的一生？

无论何时，我们说话的时候都要提醒自己，要给自己留余地，使自己可进可退，这好比在战场上一样，进可攻，退可守，使自己处于主动的地位。这样虽然不能保证自己一定处于战无不胜的地位，但是至少可以保证自己不会败得一塌糊涂。要想把握说话的分寸，给自己留余地，需注意以下两点：

1. 话不要违背常情常理

事物都有自己存在的道理，人事也有自己存在的情理。说话时，如果违背了常情常理，就会给别人留下把柄。因此，在谈话时，要记住话不要说过了头。

两位推销员推销的是同一款产品——袜子。第一位推销员随手拿起一只袜子，紧接着他又拿起打火机，在袜子下面快速地晃动，火苗穿过袜子，而袜子也未受到损坏。在他一番介绍之后，袜子在顾客手中传看。一位顾客要用打火机烧，急得推销员赶忙补充说："袜子并不是烧不着，我只是证明它的透气性好。"最后大家终于明白怎么回事，袜子的质量没得说，但当时的气氛明显地影响了顾客的消费情绪。

而第二位推销员，也是一边说一边演示，不过当他介绍到袜子的科学性时，说得非常周到。他是这样说的："当然，任何事物都有它的科学性，袜子怎么会烧不着呢？我只是想证明它的透气性好，它也并不是穿不破，就是钢也会磨损的。"这番介绍没有给天性爱挑刺的顾客留下可乘之机。接下来，她一边给大家传看袜子，一边讲解促销的优惠价格，销售效果明显好于前一位推销员。

2. 话不要说得太绝对

人们考虑问题都喜欢来个相对思考，也许是爱因斯坦的"相对论"深入人心的缘故吧。对于绝对的东西，在心理上会有一种排斥感。比如，当你斩钉截铁地说："事实完全就是这样。"此时在别人心里就会存有疑问："难道真的一点也不差？"也许你只是陈述事实。可是他心里老是琢磨"难道一点也不差"的时候，他对你的话语的领悟就会有点舍本逐末了。倒不如这样说："事实就是这样。"

因此，在谈话时，即便是我们绝对有把握的事，也不要把话说得过于绝对，绝对的东西容易引起他人的质疑。而现实是，如果对方故意挑刺，往往就能挑出刺来。与其给别人一个挑刺的借口，不如把话说得委婉一点。同时，如果我们不把话说得绝对，我们还可以在更为广阔的空间与对方周旋。

人们常说"话不要说满，事不要做绝"就是这个道理。事情做绝，不留余地，不给别人机会，不宽容别人，处理事情下狠手都是不理智的行为。无论矛盾有多深，最好都不要说出"势不两立"之类的话，否则日后万一有合作的机会，一定左右为难，尴尬万分。时时处处留有余地是为人处世的大智慧，进可攻，退可守，这才是成功的做人之道。

回话要有的放矢

我们在平常的生活和人际交往中，失言不可避免。失言的原因是多方面的，但其中最根本的原因，往往是因为语意含糊，缺乏明确的目的。

谈话不只是一种社交上的需要，也不只是为了互相认识和了解，而是要互相传达自己的意思和思想。所以，在说话时要首先明确自己的目的，要把话说明白，让对方能够听懂、理解。

例如，你邀请一位朋友加入一个团体，或者请一位医生解决一个医疗问题，或是买卖双方谈论生意上的事情，这一类谈话究竟和一般社交性质的谈话有什么不同呢？在有些方面，两者是一样的。例如，你要具有一般的谈话能力，要能够适应对方，尽可能了解对方的特点，要表现出兴趣，态度要友好而又真诚等。但不同的是，这类谈话，每次都有一个特殊的目的。

一般来说，人们说话的目的，不外乎以下5种：

1. 传递信息或知识

如课堂教学、学术报告、现场报道、产品介绍、展览解说等一类的说话。

2. 引起注意或兴趣

多是出于社交目的，或为了与人接触，或为了与人沟通，或为了表明自身的存在，或为了取悦于人，如打招呼、应酬、寒暄、提问、拜访、导游、介绍、主持人讲话等。

3. 争取理解和信任

如人们交谈、叙旧、拉家常、谈恋爱等，往往旨在交流感情，增进友谊，拉近关系。

4. 受到激励或鼓动

旨在加强人们现有的观念，坚定信心，振奋精神，有时也要求得到行动上的反应，如赞美、广告宣传、洽谈、请求、就职演说、鼓动性演讲以及聚会、毕业典礼和各种纪念活动、庆祝活动中的讲话等。

5. 说服或劝告

诸如谈判、论辩、批评、法庭辩护、竞选演说、改革性建议等，大多力图改变对方的某种观念或信念，阻止对方采取某种行动。

坚持"话由旨遣"的原则，明确说话的目的，是说话取得成功的首要条件。目的明确，谈话、社交才可能取得良好的效果。

只有明确了目的，才知道应该准备什么话题和资料，采取何种语体风格，运用哪些技巧，"抓住一点，不及其余"，从而能够做到有的放矢，临场应变。若目的不明，不顾场合地信口开河、东拉西扯，对方就会不知所云，无所适从。

林肯曾说："在一场官司的辩论过程中，如果第七点议题是关键所在，我宁愿让对方在前六点占上风，而我在最后的第七点获胜。这一点正是我经常打赢官司的主要原因。"我们一起来看林肯是怎样用他所说的办法打赢一场著名的官司的。

当时，美国的罗克岛铁船公司打算建一座大桥，把罗克岛和达文波特两个城市连接起来。但是轮船公司竭力对修桥提案进行阻挠，因为一旦铁路修建成功，就断了他们的财路。于是，美国运输史上最著名的一个案件开庭了。

时任轮船公司辩护律师的韦德，是当时美国法律界很有名的"铁嘴"。法庭辩论的最后一天，韦德站在那儿滔滔不绝，足足讲了两小时。等到罗克岛铁路公司发言时，听众已经显得非常不耐烦了。

这正是韦德的计谋，他想以此击败对手。然而，出乎韦德意料的是林肯只说了一分钟。

罗克岛铁路公司的辩护律师林肯站起身来，平静地说："首先，我对控方律师的滔滔雄辩表示钦佩。然而，陆地运输远比水上运输重要，这是任何人都改变不了的事实。陪审团各位，你们要裁决的唯一问题是，对于未来发展而言，陆地运输和水上运输哪一个更重要？哪一个不可阻挡？"

片刻之后，陪审团做出裁决，建桥方获胜。

不可思议的一分钟，让林肯声名远扬。

对方律师整整花了两小时来为委托人申辩，而林肯本来可以针对他所提出的论点一一进行驳斥，但他并没有那样做，而是将论点集中到一个关键点上，只用了一分钟的时间，就驳回了对方的论点。所以在沟通中，话不在多，而在于是否说到了点子上，是否传达出了最主要的意思。任何一句话只要让对方明白了你的意思，就是有效的话。在与人沟通的时候，试着简要地说出自己的目的，你会发现，这样的沟通最有效。

明确了要表达的主要内容，还要通过语言进行传递，语言是否恰当、贴切直接影响信息传达的效果。清晰准确的语言能够最大限度地表现说话人的原意，而含糊不清的语言会阻碍信息的有效表达，甚至被人误解原意。

要想使语意清晰，一定要注意遣词造句，恰当地用词才能准确地表达自己的意思。另外，适当的语句还能起到感染听众的作用。

想清晰准确地表达自己的意思，就要善于提炼自己的用词，丰富的学识是准确的前提，平常我们要勤于积累。

每次与人交流之前，不妨先自问一番："我要向对方传达什么信息？"或者"对方想要获知什么内容？"预先想一想自己的表达要达到什么样的效果，把预期的效果当作目标，并为之努力。

　　另外，在平时就要注重培养自己分析问题的能力。要学会透过事物的表面现象，把握事物的本质特征。在这个基础上形成的交流语言，才能准确、精辟。这是一个长期积累的过程，需要我们在平时多下功夫。

　　我们经常说一个人口才好，并不是指他在别人面前怎么侃侃而谈，而是说他的每句话都能说到点子上，能起到真正的作用。相反，一个人即使能把一件事说得天花乱坠，但不得要领，那也只是在说废话。

三思之后再开口

如果你要给别人陈述一件事情，而对于这件事情你没有足够的把握，那么在开口之前，你就要仔细思量。很多时候，抢先说话并不能给你带来什么好处，有时候还可能"祸从口出"。对于自己不清楚的事情，不要道听途说，宁愿保持沉默，也不要信口开河。如果你对某件事情只是一知半解，就不要急于卖弄自己的高见。急急忙忙地乱发表意见，只会贻笑大方。因此，我们在说话的时候，一定要经过深思熟虑才行。

有这样一则寓言故事：

从前有个老实的商人，被某人的花言巧语骗得倾家荡产，心中怀恨不已。发誓要报复对方：下辈子要当他的嘴，让他吃尽苦头。

这张嘴，最终真的把他的主人弄得惨不忍睹。做生意时，顾客上门，这张嘴就胡说八道，于是生意泡汤了；肚子饿了，别人招呼他吃饭，嘴却说："我吃饱了"；想成家，看到了貌美的小姐想要追求她，竟从口中说出一些粗野无理的话，令人退避三舍。凡此种种，这张嘴不断和主人作对，主人都快被逼疯了。这个主人最后一咬牙，采取了一个办法——从此把你打入冷宫，闭口不开，看你这刁蛮的嘴还有什么办法？这时，嘴巴纵有千万个坏主意也使不出来了，主人也因为如此苦修正悟得道。

这只是短短的一则寓言，却很好地证明了一句话："利刀割体痕易合，恶言伤人恨难消。"

它告诉了人们一个道理：言多必失。只有修好口德、谨守口业，这个人在做人做事方面才会取得成功。

从前，有一个长得很漂亮的女子，曾在婚前遭遇过感情方面的伤害，内心留下了挥之不去的阴影。经历过很长时间的调整，她终于又重拾信心站了起来，并且还找到了一个非常爱她的老公，婚后两个人生活得非常幸福。有一天，她和丈夫聊天，聊得兴起，一不小心说漏了嘴，把自己之前的事告诉了丈夫。丈夫当时只微微一笑，说："我爱的是你的现在和以后。"可是，那笑中也带有一丝苦涩。有一天，很晚的时候，丈夫回来了，喝了很多的酒，很痛苦的样子，告诉她，他受不了了，要解脱。最终他们的婚姻以离婚收场。这个故事告诉人们：说话前要三思，不要说不该说的话，否则，只会给自己带来烦恼。

李心在大学毕业之后，应聘到一家私营企业做销售主管。刚走入社会的大学生，都有种初生牛犊不怕虎的精神，李心也是这样。她不仅在工作上很有干劲，时不时还会冒出一些闪光的好点子，上司因此很器重她。

在公司召开的各种会议上，李心都能够侃侃而谈。她不仅针对自己部门的事情提出各种看法，还对其他部门提出建议。有一次李心的部门准备开会，但到了会议室才发现另外的部门也在讨论问题，李心就跑了进去，大谈特谈自己的观点，言语间难免露出骄傲的表情。这番指手画脚的评论引起了这个部门同事的反感，再加上她一贯的自负，同事联名在经理面前告了她一状。

凡事要三思而后行，积极地向上司提出建议本来是一件好事，很多开明的领导也都会欣赏这样的下属。但是，如果提建议的时候不分时间、场合，就会引起别人的反感，弄巧成拙。

李心的思维活跃，对事情的看法也有着自己独到的见解，但是她没有摆正自己的位置，骄傲自负。要知道，到处批评他人做的工作不会受任何人的欢迎，特别是越俎代庖，在不恰当的场合说出超出自己职权的建议，更是一个大忌。

一句不恰当的话，会使人产生排斥的心理，因此话要回得恰到好处，多一句、少一句都不好。在日常生活中，待人处世令人伤脑筋的是，通常口一开，不该说的不由自主地脱口而出——多说一句，而"该说的"话忘了说——少说一句。说话者也会因为该说的不说，不该说的反而说了一堆感到后悔莫及。因此，智者懂得说该说的话，蠢人只会口不择言；不恰当的话不但容易得罪人、伤害人，还容易引起别人的反感和排斥，损人又害己。

警惕祸从口出

生活中，可能很多人都有过"祸从口出"的经验，想要说话得体，断除口祸，非要下一番功夫不可，下面这几点可以做个借鉴：

1. 不随便承诺：做人要言而有信，如果自己做不到的事情，就不要随便承诺。

2. 多说好话：说话尖酸刻薄的人，令人讨厌，应该学会理直气柔，并得理能饶人，俗话说："话多不如话少，话少不如话好"，对别人说些好话，会让别人更愿意与你交往。

3. 不搬弄是非：喜欢搬弄是非的人令人讨厌。让别人之间的感情破裂，是不道德的行为。闲谈莫论人非，才会获得好人缘。

4. 不说花言巧语：说话要真心实意，对得起自己的良心，不违背自己的本意，不因为自己的利益而用甜蜜的口舌迷惑别人。要知道只有真实的言语才能感动他人。

生活中，经常有人不守口业，口不择言，还会强辩自己是个心地善良的好人，只是心直口快，刀子嘴豆腐心。有人说："嘴巴不好，脾气不好，心地再好，都不是好人。"嘴巴说出的话好比是产品，心地是制造产品的工厂，说出来的话（产品）如果粗俗不堪，能强辩自己有个好心地（工厂）吗？

如果非说不可，那么你就要小心谨慎，三思而后言，还应注意说话的态度、时机、内容、措辞、声调和姿势，学会在什么场合应该说什么话，应该怎么说。"不鸣则已，一鸣惊人"。我们虽然未必能达到这个境界，但朝着这个目标去努力是不会错的。

1. 说话前应考虑周全

聪明人说任何话都会为自己留点余地，如果草率做出承诺而没有实现就会招来嘲笑。一件事情应三分在明，留七分在暗，不管事情发展如何，你都有足够的空间去驾驭。说话有三种限制，一是人，二是时，三是地。非其人不必说；非其时，虽得其人，也不必说；得其人，得其时，而非其地，仍是不必说；非其人，你说三分真话，已是太多；得其人，而非其时，你说三分话，正给他一个暗示，看看他做何反应；得其人，得其时而非基地，你说三分话，正可以引起他的关注，如有必要，不妨择地长谈，这才是通达人情世故的人。

与人交谈，要掌握好分寸，不能口无遮拦，人常说：话到嘴边留半句。那么我们应该注意哪些方面呢？

（1）留住自以为是的见解。释普济说："逢人只说三分话，不可全抛一片心。"人们常说"祸从口出"就是指说话太多也会招致麻烦，所以口无遮拦的人最易招人厌烦。人们都是根据有限的信息进行思考并形成想法的，加上感情倾向与情绪的作用，难免会产生偏见。正如索罗斯所说："我们对世界的所有认知都有缺陷，因为我们无法透过没有折射作用的棱镜看待这个世界。"所以，一旦对某些问题产生了想法，不要急于表达，耐心地听完别人的谈论，再对自己的意见进行分析，确认无误，再说出口，这样就不至于因为判断失误遭到别人的嘲笑。

（2）避免对别人不恰当的批评和指责。如果你误会了对方，批评和指责无疑是火上浇油。如果对方确实有过错，也不能横加指责，要注意方式方法，点到为止，过分的批评指责可能适得其反。

（3）不随便发泄心中的不满，牢骚太盛防肠断。生活中，遇到不如意的事难免生出抱怨，但抱怨是解决不了问题的。有些人直言不讳，逢人便抱怨，殊不知这样很容易招来别人的反感，给自己惹来麻烦。如果事先把话在大脑中"过滤"一番，就可以避免此类事情的发生了。

2. 有些话应该这样说

快人快语一般被看作是一个人果敢干练的表现，但是有时也不见得是好事。如果说话做事莽撞、欠思考，就是不成熟的表现。我们与人交谈之前应该深思熟虑，考虑周全了再说，避免给同事、朋友带来不愉快的情绪。有些话，我们巧妙来回答，远胜过不假思索地脱口而出。

（1）遇到别人的奚落或尴尬的情景，以幽默的回答来化解。有一次，萧伯纳遇到一位牧师，这位牧师胖得像酒桶一样，他跟萧伯纳开玩笑说："外国人看你这样干瘦，一定会认为英国人都在饿肚皮。"萧伯纳谦和地说："外国人看到你，一定可以找到饥饿的根源。"

有时候，人际交往免不了要应对尴尬的境地，这时候如果口无遮拦，随口说"你的话真是很无聊"之类的话，必定会刺伤对方，而一句幽默的话语就能打破原有的压抑、缓解紧张的气氛，既挽回了自己的面子，又顾及了对方的面子，从而避免了冲突。

（2）转移话题，拒绝回答。打个比方，如果一位胖姑娘穿了一件新的紧身连衣裙，自以为得体，高兴地问你："漂不漂亮？"她当然是想得到你的赞美。但这件衣服的确不怎么适合她。你不能违心地赞美，又不能直说，怎么办呢？你可以巧妙地转移话题："今年夏天，姑娘们好像都很热衷于这种连衣裙啊！我最近看到一本杂志，上面有很多漂亮的款式，推荐给你啊……"

直接回答别人的问题会显得很不礼貌，这时不妨"顾左右而言他"，暗中转移话题。当然新的话题必须和原来的话题有一定的联系，还必须能引起他（她）的兴趣。否则，也会引起对方的疑惑或反感。

（3）绵里藏针，批评也要温和。唐太宗善于四处征战，为了扩大兵源，他想把不在征调之列的中年男子都招为士兵。宰相魏征得知此事后，忙向唐太宗进谏："把水抽干了，不仅得不到鱼，以后恐怕也不会有鱼了；把森林烧光了，不仅猎不到野兽，以后也无兽可猎了。如果中年男子都被招到军中，那生产怎么办？赋税从哪里征收？"唐太宗无言以对，只好作罢。

直言的批评肯定会使人不满，而且对待身份地位比较特殊的人时，更不能直接批评指责。怎么办呢？不妨试试"绵里藏针"的招数。这种方法和喂小孩吃药的道理一样，要用糖水送服。

三思而后言，说之前想清楚，不仅能够避免不必要的麻烦，还能取得意想不到的效果，为自己赢得良好的人际关系，何乐不为呢？

第七章
回话分深浅：恰到好处，受人欢迎

　　在回答别人问话的过程中，回话不知道深浅的人，往往不受人欢迎。生活中，很多时候因为各种原因我们并不能恰到好处地把握自己的言行。社会上有很多做人的忌讳，有许多行事的机理，我们并不是十分清楚，如果自以为是，自作聪明，信口开河，不知深浅，就会说出一些不该说的话，引起不必要的麻烦。

回话深浅的艺术

　　想把事情办好，就要懂得回话；想成为一个受欢迎的人，就要懂得说话；要学会更好地处世，也要懂得说话。在生活中，做任何事情，对任何人，都要懂得回话的艺术，把握好回话深浅的艺术。

　　生活中，常常有一些因为说话不知道深浅而得罪人的人，这种人无论是在人际交往中，还是在办事情的时候，都是不受人欢迎的。很多时候，我们在人际交往中出现某些失误，就是因为说话不知深浅造成的。生活中很多人有这样的缺点：自视甚高。觉得自己很聪明，能够把握自己的言行，其实很多时候并不是这样的。现实生活中有很多原因让我们并不能恰到好处地把握自己的言行。生活中有很多规则，在行事的时候有很多条理也许是我们不十分清楚的，如果只顾自己一时痛快，什么该说不该说的话都说，就可能会惹上不必要的麻烦。

　　公共汽车上，人很多，挤来挤去。一个年轻小伙子不小心踩到了一位老大爷的脚，老大爷脾气不好，张口就来："你说你这么大一小伙子，欺负我这么大岁数的人干吗？"

　　小伙子本来正想给老大爷道歉，可是老大爷的话实在让他反感，愧疚的心理马上无影无踪，他按捺了半天说："踩了就踩了，可我什么时候欺负您了啊？"

　　老大爷更不高兴，说："得得得，现在的年轻人都不学好。我看你那样儿，监狱里刚放出来的吧？"

　　这下小伙子可火了："你这人怎么说话呢？"说完就要往前冲。车里的人左劝右劝，好不容易才让他俩消了气。

　　尖酸刻薄的话说出来，有时候会像匕首一样直刺别人的心脏，伤及人心，令别人产生很不好的感觉。因此在说话的时候要注意深浅，要谨慎，要委婉。当然深浅的分寸也要拿捏好。有些话如果说得太深，别人听不懂，就达不到效果，如果太浅，不痛不痒，也不会起到任何作用，只有不深不浅的话才能激励别人又不会伤害别人。害人之心不可有，防人之心不可无，说话要注意深浅，不可以随便乱说。

回话要注意分寸

说话的时候要注意分寸，不能尖酸刻薄，伤害别人的自尊心。言语伤人，有时候是不知不觉的。然而说者无心，听者有意，听的人可能从此怀恨在心。如果是一个小心眼的人，将来还有可能会因为一句话而报复你。社会上，许多的怨仇和误会，都是因为说了一句不恰当的话而造成的。因此，说话的时候，要特别注意。说者无心，听者有意，说话的时候不可不谨慎。少言就寡过，何必多说话呢？人家又不会把你当哑巴。

新到一个公司，因为对环境和新同事都不是很熟悉，首先要做的就是在最短的时间内融入这个集体，避免受到排挤和孤立。正因为大家都不是很熟悉，所以说话的时候必须注意分寸，不能想说什么就说什么，每说一句话之前，都先考虑一下是否合适。不同的场合，对不同的人，有很多话是不能随意说的，否则会给人留下轻浮、不庄重的印象。

有时候，话太多了，也会给别人留下不好的印象。有些人为了在别人面前卖弄自己的所谓知识底蕴，便找一切有人的地方与人"死说烂道"，极尽所能地"卖话"，自以为口若悬河，头头是道，精彩得不得了，无奈知识底蕴太浅薄，话说得再多，兜兜转转还是那些陈芝麻烂谷子。以致听者纷纷昏昏欲睡。然而这种冷落似乎并不会让他那张滔滔不绝之嘴因此而收敛，若逢得谁很客套地捧他两言，他那说话的"热情"就更拦不住啦！殊不知非理性的热情会让人的情绪同样处于非理性的亢奋，有多少人为求得语不惊人死不休的精彩，反倒造成口误连连？如果只是一般性的交谈而出现口误还能让人一笑了之的话，那么一些高级领导人也张嘴闭嘴就犯这类低级的毛病就叫人实在是笑不起来了。即使口误本身有些可笑，但因为出自高级领导人之口中，所以留给人们更多的则是困惑，真是不想惊人都难啊！

美国总统布什一直是风口浪尖上的人物，他的新闻一直都被许多媒体炒得沸沸扬扬。别的不提，仅是他为追求讲话达到尽善尽美，结果屡遭失败，造成既不善也不美反成嘴拙的口误例子就足够腌他老人家一菜缸子。

布什总统2004年8月5日在签署国防拨款法案后就反恐问题发表了演讲，在强调政府的反恐决心时，情绪就激动起来。他说："我们的敌人变换手法，随机应变，我们也一样。"他接着说，"他们从不停止考虑危害我们国家和人民的新途径，我们也一样。"更奇怪的是，布什出现这样令人瞠目结舌的口误，在场的所有美国高级军官和国防部官员居然没有一个人立即做出反应。也许是因为这些高官们涵养高，早就习惯了怎样去适应布什语欲惊人即犯错这个老毛病。不过，布什这一次倒是意识到自己又没管好嘴——露怯了，于是连忙不动声色地改口道："我们会永不停息地思考最好的对策，尽力去保卫我们的国家和人民。我们必须永远想在敌人的前面！"布什爱说话，他的话比美国历届任何一个总统都多，与此相应的口误率也相应为最多。大多数美国人认为布什向来嘴巴不太利落，说错话已经是家常便饭了。

回话要步步深入

无论做什么事情，都要掌握一个度。回话也是一样，要根据时间、人物、事件、地点的不同，相应地调整其长短轻重严松快慢，这样才叫回话有分寸。回话要步步深入，才能把话回得圆。交流是双向的，有说话者就要有听话者，也就是说，一个人"张嘴说话"时最少要面对一个以上"听话"的人，说话的目的是要向对方传送某种讯息，如果没有分寸，你传送的讯息就会出现偏差，造成不必要的误会。因此，在说话的时候要把握好分寸，也就是把握好说话的禁忌。说话的时候不仅要注意遣词用句的问题，更要注意分寸。讲话时不但要注意听话的人与你关系的亲疏、辈分及性别，尤其讲话的音调、修辞用字的轻重，都要有分寸。如果没有拿捏好说话的分寸，后果就会很麻烦。尤其是在人际交往的过程中，说话注意分寸，才能获得良好的人缘。

一个人如果想取得成功，就必须掌握回话的分寸，只有步步深入，这样做起事来才能得心应手，顺利地实现自己的目标。

美国斯坦福大学社会心理学家弗利特曼和弗利哲两位教授，曾对学校附近的一些家庭主妇做了一个有趣的实验，以调查在人际交往时怎样才能将分寸把握得恰到好处。

他们第一个电话打给了彼得太太："这儿是加州消费者联谊会，为具体了解消费者实况，我们想请教几个关于家庭用品的问题。"

"好吧，请问吧！"

于是他们提出了一两个例如府上使用哪一种肥皂之类的简单问题。当然，这样的电话，还打给了许多人。

过了几天，他们又打电话了：

"对不起，又打扰你了，现在，为了扩大调查，这两天我们将有五六位调查员到府上当面请教，希望你多多支持这件事。"

这本来是件容易被拒绝的事儿，但最后却获得同意，是什么原因呢？只因为有了第一个电话的铺路。相反地，对于那些没有打第一个电话，而直接在第二个电话中就提出拜访请求的用户，多数都直接拒绝了。最后，两位教授得出结论。前一种答应他们的占52.8%，后一种只有22.2%。

由上述可知，如果要请人帮忙，有求于人，应由小到大、由微至著、由浅及深、由轻加重才是。如果一开口就提出很高的要求，可能会遭到别人的拒绝，因此，说话的时候应该拿捏好分寸，不能太急，要让别人一步一步地接受你的想法，最后达到自己的目的。

因此，如果要让别人接受自己的意见，就要循序渐进，一步一步地引别人接受，慢慢地诱别人上钩，这是有求于人时的一个小技巧，也是取得成功的一个重要原则。

一位从浙江到京城去参加科举考试的书生，在路上迷失了方向，他站在一个三岔路口上犹豫不定。忽然，他看见附近水塘旁边有一位放牛的老人，就急忙跑过去问："喂，老头！从这里到京城该走那条路呀？还有多少路程呀？"老人抬头见问路的是一位二十多岁的书生，因为他没有礼貌，心里头很是反感，就说："走中间的那条路，到京城大约还有六七千丈远。"那人听了奇怪地问："哎！老头，你们这个地方走路怎么论丈而不论里呀？"老人说："这地方一向都是讲礼（里）的，自从这里来了不讲礼（里）的人以后，就不再讲礼（里）了！"

上述事例是对不讲礼貌的人的嘲讽，同时也说明了在与人交谈时，讲礼貌的重要性。故事中的问路之人不懂礼貌更不懂得说话的分寸，因此他也得到对方同样的回敬，可以说是碰了一鼻子灰。这也给现实中的我们提了个醒：与人交流时，只有讲礼貌、把握说话的分寸才行得通。反之，非但事办不成，可能还会遭到对方的还击，那么你就得不偿失了。在现实生活中，跟长者打招呼，不要一开口就直呼人"老"，即便对方真的很老。对不认识的长者，如果可以最好问他喜欢别人怎样称呼他。如果面对的是一大群的长者，你大可说"各位长者"。总之，说出来的话语要文明、合乎情理和礼仪。只有这样，你才能成为一个受欢迎的人。

深话浅说，回得满意

在回答别人问话的时候，如果回得太深，晦涩难懂，会给彼此的交流带来障碍。还有可能触到别人的敏感神经，一不小心揭开别人的疮疤或某些事的隐情。在人际交往中，应该把握说话深浅的艺术。

如果对方仍然在较深的问题上纠缠不休，我们可以退一步，把对方捧到优势的位置上去，表明决定权在对方手上，自己只是处于"附庸"顺从的地位，让对方获得心理上的满足。然后，我们可以以弱小者的身份表明自己的态度，并且软中带硬地指出对方如一味固执己见，自己迫于无奈，只好采取某种消极的行动。对方站在"强者"的位置上，一方面碍于面子，一方面也会考虑现实后果，因而不得不有所变通，接受自己的意见。有时候为了引导对方认识某个道理，需借助某一个类似的事物加以说明和描述，这样才能把抽象的道理说得具体，把深奥的哲理讲得浅显，把生疏的事物说得熟悉。

庄周是我国古代著名的思想家，然而，他却一直过着清贫的隐居生活。有一天，庄周的家里又揭不开锅了，妻子一边叹息着，一边催促他出去想办法。庄周万般无奈之下，决定到好朋友监河侯那里借点粮食，以解燃眉之急。

然而事不凑巧，监河侯正忙于收拾行李准备外出，见到庄周连忙寒暄："多日不见，庄兄大驾光临，不知有何见教？"庄周直截了当地向监河侯讲明了来意。监河侯说："借粮之事好商量。但是我现在正要进城收取租金，等我收完租金回来再借你银子好吗？"说完就要动身上路。

庄周听了监河侯的回答，又气又急，心想："你到城里来回一趟要半月之久，等你回来，我一家老小岂不全饿死了？"好在庄周有副好口才，他略一思索，对监河侯说："仁兄且慢，陪我喝完一杯茶再走好吗？"监河侯只好坐了下来。庄周一边喝茶，一边对监河侯说："昨天，我在来你家的路上听到有呼救的声音。我四处张望，并未看到什么异样情况，最后在路旁的一道曾经积过水的干水沟里，发现一条快要干死的小鱼在那里张大嘴巴呼救。于是我问它：'小鱼呀，你从哪里来，怎么变成这个样子了呢？'小鱼回答说：'我从东海来，现在快要干死了，你能不能给我一小桶水救我一命呢？'我回答它说：'要水吗？这好办，你等着，我去见越国和吴国的大王，请他们设法堵住西江的水，然后把西江的水引来迎接你回东海，好吗？'小鱼听了很生气，说：'我在这里快要干死了，只要一小桶水就能活命。如果照你的打算，等到西江水引来的时候，那就只能到干鱼摊去找我了。'"

听到这里，监河侯羞得满脸通红，立即吩咐家人到粮仓去装了满满一袋子粮食交给庄周。庄周接过粮食，谢过监河侯，兴冲冲地回家了。

庄周虽然一开始被拒绝，却并未斥责朋友的冷淡，也未哀求，而是以故事的方式巧妙比喻，既未引起监河侯的不满，又让其明白自己的意图，顺利地借到了粮食。

话回得太深，就有可能会牵涉到本质的问题。就本质问题争论不休，容易形成僵局，把问题搞僵了，不但会伤害对方的面子和尊严，也会伤害彼此的感情。这个时候，就应该避开深的问题，绕过本质，通过浅明的问题引导变通。这样就可以使深的问题被掩盖起来，让对方产生积极的行动。

回话要注意场合

语言可以修饰一个人的外表，开口说话要特别注意才行。古人所说的"病从口入，祸从口出"就是这个道理。语言是最重要的交流工具，我们每天都会说很多的话，有些话说出来可以让我们更受欢迎，而有些话说出来只能让人生厌。

陆涛和李梅在一起三年了，至今还没有走进婚姻的殿堂，原因很简单：李梅的父母看不上陆涛，不同意这门亲事。

前段时间，李梅的父亲因骨质增生住进了医院。陆涛忙前忙后，端茶送汤，终于感动了李梅的双亲，两位老人不再反对他们的婚事了。

两个月以后，李梅的父亲出院了。为了庆贺老人康复，陆涛特意去大酒店订了桌酒席。

晚餐在热烈的气氛中进行着，一家老小难得聚在一起，自然要畅饮个痛快。李梅的父亲因为身体刚痊愈，不能喝酒，陆涛便小声地对身旁的服务员小姐说："麻烦你先上一碗饭。"

不一会儿，服务小姐就把饭托上来了。陆涛刚接过饭，李梅的叔叔说："你怎么可以这么快就吃饭呢？这些天你辛苦了，我还没敬你一杯呢。"

陆涛赶紧分辩道："不是我，是伯父要饭。"边说边恭恭敬敬地把饭放在李梅的父亲面前。

陆涛的酒量不太好，几杯酒下肚以后，就有些醉意了。他看见邻座李梅的父亲的脚下有一串钥匙，便好心提醒道："伯父，您钥匙掉了。"边说边弯腰把那串钥匙捡了起来。可仔细一看，那钥匙分明是自己的，他不好意思地笑了笑，就把钥匙放到自己的裤兜里去了。

这顿丰盛的晚餐，花了陆涛半个多月的薪水，但是一想到马上就能与李梅走进婚姻的殿堂了，他的心里还是非常高兴的。

万万没有想到的是，李梅第二天打来电话，提出要与陆涛分手："我爸被你气倒了，不就是吃了你一餐饭吗，先是说我爸要饭，然后说我爸要死掉了（钥匙掉了），世上有你这么讲话的吗?!"

说话的时候，词汇的使用也是很重要的。对于不同的人要使用不同的词汇。比如：对于年长者、身份地位比较高的人或者同辈、同身份、没有利害关系的人，就不能使用粗鲁、低俗的词汇，即使日后关系愈来愈亲密也不可改变。如果你说的话让对方感觉不到你的真诚，交往就很难继续下去。人是感性的动物，很容易因为环境或立场的改变而动摇，所以最好不要说让自己后悔的话。

在一次联欢晚会上，一位女青年穿了一件款式新颖，很合身的连衣裙，那款式和色彩都很引人注目，另一单位的一位男青年看到后，在欣赏之余不由脱口说："这件连衣裙多美呀！把人衬托得更漂亮了。"这位女青年听了之后，并不介意，而是有礼貌地回话："是吗？谢谢您！"于是气氛就显得和谐欢融了。如果这位女青年不是这样说话，而是怀着反感，以粗话反击："谁要你管，流氓！"说不定就会引起一场争吵，使气氛紧张起来。因此，在社交场合，特别要注意说话得体。

正话反说，歪答正解

在回答别人问话的时候，我们常常需要通过讲道理来说服别人。正话反说就是一种有效的办法。有些话直接说出来，可能会让对方难以接受。如果换一种方式，正话反说，可能会取得意想不到的效果。

汉武帝刘彻有位乳母，有一次在宫外犯了罪，被官府抓，并禀告了汉武帝。汉武帝心中十分为难，毕竟是自己的乳母，滴水之恩当涌泉相报。但是，天子犯法与庶民同罪，如果不处置她，不仅有失自己天子的威严，以后又如何君临天下、号令群臣呢。左思右想，汉武帝决定以大局为重，依法处置自己的乳母。

乳母深知汉武帝的为人，知道自己凶多吉少，便想起了能言善辩的东方朔，请求东方朔帮自己一把。

东方朔也颇感为难，他想了想说："办法也有，但这得看你自己的造化。"

乳母急切地问："什么办法？"

东方朔说："你在被抓走的时候，不断地回头注视皇帝，但千万不要说话，也许还有一线希望。"

乳母虽不解其中玄机，但还是点了点头。

当传讯这位乳母时，她有意走到汉武帝面前向他辞行，用哀怨的眼神注视着武帝，几次欲言又止。汉武帝看着她，心里很不是滋味，有心赦免她，又苦于君无戏言，无法反悔。

东方朔将这一切看在眼里，知道时机已成熟，便走过去，对那位乳母说："你也太痴心了，如今皇上早已长大成人，哪里还会再靠你的乳汁活命呢？你不要再看了，赶紧走吧。"

汉武帝听出了东方朔话里的弦外之音，想起小时候乳母对自己百般疼爱，终不忍心看乳母被处以刑罚，于是法外开恩，将她赦免了。

在乳母要受到刑罚的时候，东方朔没有直接为她求情，因为他知道这样可能不会奏效，说得不好，还有可能激怒武帝。于是他采取了正话反说的策略，让汉武帝自己领悟其中的道理：这样惩罚自己的乳母是有违情理的，从而让武帝免除了对乳母的责罚。

很多时候，实话实说不仅很伤人，还达不到想要的效果。不妨换一种让别人能够接受的方式，这样效果或许会更好。同样一句话，在不同的场合下、对不同的人说出来，会产生不同的效果。每个人的性格不同，心理的承受能力也不同，因此对他人的话语就有不同的感受和理解。因为受到特定的场合和不同心理的制约，有些话在某些特定环境中说比较好，但在另外的场合中说未必佳。同样的一句话，在这里说和在那里说效果就不一样，说什么，怎么说，一定要顾及说话环境和对象，才能取得良好的效果。

正话反说也是制造幽默的有效方法之一。使用这种方法能够在不直接指明对方错误的基础上，使对方进行自我反省并认识到自己的错误。

在特定情况下，人们需要打破习惯的说话方式，反其道而行之，这便形成了反语。反语是一种拐弯抹角、迂回的表达方式。正话反说不仅有很好的表达效果，还有很强的说服力。

秦朝的优旃是一个有名的侏儒艺人，他十分擅长讲笑话。有一次，秦始皇要大肆扩建御园，多养珍禽异兽，以供自己围猎享乐。这是一件劳民伤财的事，但大臣们谁也不敢冒死进谏。这时能言善辩的优旃挺身而出，他对秦始皇说："皇上，您这个主意很好，多养珍禽异兽，敌人就不敢来了。即使敌人从东方来了，下令麋鹿用角把他们顶回去就足够了。"秦始皇听了不禁笑了，收回了成命。

优旃的话表面上是赞同秦始皇的主意，而实际意思则是说如果按秦始皇的主意办事，国力就会空虚，敌人就会趁机进攻，而麋鹿用角是不可能把他们顶回去的。这样正话反说，表面上赞同了秦始皇，优旃足以保全自己；又促使秦始皇不得不在笑声中领悟其真正的含义，从而达到了他的说服目的。

先顺着对方的意思，让对方解除心理防范，再让对方领悟"话中之话"，一旦对方顿悟，便能起到立竿见影的效果。正话反说不只是一种沟通策略，更是一种攻心术。不但可以避其锋芒，明哲保身，还可以让对方欣然同意自己的见解。

回话深浅有技巧

回话是深还是浅，要讲究技巧的，假如出口不够谨慎，没有顾虑到听者的立场，就很容易在无意中伤害别人，而产生一些不必要误会。

回话要看时间，看对象，看具体的事情，还要看具体的场合——这是回话的四大前提。其中，看对象说话是一件很难在一瞬间就完成的事。因为看对象说话不仅要看其外在，还要关注其内心所想。而人心隔肚皮，世间万象，人心万种，如果一个人只顾自说自话，而忽略了听者的感受。那么，就很有可能在无意中得罪别人，而自己还没有察觉。

俗话说"言者无心，听者有意"。这个"意"实际上就是指听者曲解了说者的本意，从而造成的不良反应。无疑，"听者之意"是个不好伺候的玩意儿。相同的一句话，不同的人听了就可能会有不同的反应。有的人可能会觉得没什么，一笑了之；而有的人就可能会敏感些，觉得自尊心受到了伤害。因此，这就要求人们在说话的时候，应该尽量避免说一些有伤人之嫌的话。虽然这句话可能是你无心说出来的，但是听在别人的耳朵里却会有另一种意思，给他人造成了莫名的痛苦。除了为利益之争而辩，谁又希望自己说出的话带给别人伤害呢？

"说者无心，听者有意"的另一个含义是基于听者处于隐形状态而论的。俗话说"墙有缝，壁有耳""路上说话，草窝里有人""没有不透风的墙""隔墙须有耳，窗外岂无人"，这些大抵都是对说话者"防隐"意识的一种告诫。如果说话时被他人偷听了，那可就危险了！且不说出门在外有多少天灾人祸，光是平常说话时稍稍一不留神，身边一个陌生人也许就会把你的存折掏空。说者无心，往往表现在对身边的人放松了应有的警惕。

王凤芹有一次坐车到异地办事，当她掏出手机准备打电话时，才发现手机忘记充话费，停机了。于是王凤芹就借车上售票员的手机给她的一位亲戚打电话，让他去买一张 100 元的话费卡充到手机里来。一会儿，对方就打来电话告诉她卡已经买好了，叫她记一下卡号和密码。王凤芹掏出自己的手机一边按键，一边大声和对方核对着号码。等王凤芹把所有的号码按完之后，以为钱已充进自己的手机里了。可是一核对，还是没有钱。她以为搞错了号码，又和对方进行了核对，并没有发现任何差错。后来，王凤芹的亲戚拿着卡到售卡点，经查卡里已经没有钱了，售卡点告之已经被充值了。到底是什么原因呢？王凤芹百思不得其解。后来据售票员反映，当王凤芹和亲戚核对号码的时候，坐在她旁边的小伙子也拿出手机按键，王凤芹说一个他按一个，当王凤芹说完不久，小伙子便起身下车，一溜烟走了。谜底解开了，那个小伙子就是通过偷听卡号密码窃取了王凤芹的话费。

那位小伙子作为"听者有意"的受益者，因其无道德应该受到责罚，但我们更应该引起重视的是：因为说者无心，现实生活中又有多少人仍然在没完没了地重复着王凤芹这样的错误呢？这起事件给每个人敲响了一个警钟：管好自己的嘴，不管是在陌生的场合，还是在熟悉的社交场合。说话的时候要三思。因思考而说，因听而思考，这两个敏感区的一来一去，耳朵无疑占据了绝对的上风。但凡听则解——无论是曲解还是深解——"听者之意"一直成为众多"说者"心头之患，原因就是太多人不"慎言"，不同程度地吃过"听者之意"的亏了。

自己的话受到别人的曲解，回话的人总是感到很委屈。觉得自己本是一番好意，却受到别人的误解，这都是因为听者敏感过度，扭曲了自己的意思，并为此闷闷不乐，甚至会神经质地乱加引申，产生悲观和逆反情绪。

人每天都会说很多的话，从"听者有意"的角度要求人人都管好自己的嘴，这也不是一件容易的事。就连具有卓越口才能力的圣罗兰和具有超人的组织能力的苏菲亚·罗兰，不也都有过因为自己的"无心"而得罪下属的经历吗？这就说明，在为人处事当中，回话的方式是很考究的。

第八章
有效倾听，有效回答

　　倾听是在任何时候我们都要做的一件事情。我们听音乐，我们听新闻，我们听我们的父母、孩子、同事、上司、顾客、朋友说话……我们一生都在倾听。

　　沟通大师戴尔·卡耐基认为：在沟通的各项功能中，最重要的莫过于倾听的能力。滔滔的雄辩能力、强而有力的声音、精通多国语言，甚至写作的才能都比不上倾听重要。有效的回话始于真正的倾听。而成功的回话高手都是那些真正领略了倾听价值的人。

懂得说，也要懂得听

在现实生活中，大多数人都乐于表达自己的意见，但大多数人都不是很注重去倾听别人的心声。倾听也是一门交往的艺术，只有会倾听的人，才懂得说话。

其实很多时候，听话比说话更重要。因为会说话的人给人才思敏捷的印象，而会听话的人，虽然不像会说话者那么引人注意，却给人如沐春风的感觉。会倾听的人，会让人感受到你的亲切关怀，从而让你更具有吸引力。人类的心理很奇妙，既喜欢当聪明人，却又不愿意和聪明人为伍，他们情愿接近那些亲切又总是给人以关怀的人，因此很多时候，会听话比会说话更加重要。

倾听的重要性不止于此。医生要倾听病人的谈话，才能了解病情对症下药；公司主管必须倾听属下的报告，以便拟订对策，解决问题。在人际交往中，学会倾听，才能更好地与别人沟通。

然而，"喜欢说，不喜欢听"是人性的弱点之一。在一些非正式的聚会中，比如说聚餐、聊天，只要你稍微留心，就会发现，那些在旁边听别人讲话的人，多么迫不及待地想开口；而且一个讲完以后，旁边立刻有人急着接下去，甚至出现多人抢着说话的现象，你就可以知道人类是多么爱说话了！

在中秋节的前一天晚上，在外地工作的张平为了给妻子一个惊喜，兴冲冲地乘飞机往家赶。他一路上幻想着和妻子团聚的情景，内心充满喜悦。然而天有不测风云，上飞机的时候还是风和日丽，飞机飞到一半的时候，突然遭遇到了狂风暴雨。飞机脱离航线，上下左右颠簸，随时都有坠毁的可能。在这万分危急的时刻，飞机在驾驶员的冷静驾驶下终于平安着陆。死里逃生，大家都欢呼雀跃，感受到了活着的美好。

大难不死的张平回到家之后，向妻子描述了飞机上遇到的险情，说到激动处，满屋子转着、叫着、喊着……然而，他的妻子正和孩子兴致勃勃分享着节日的愉悦，对他经历的惊险没有丝毫兴趣。张平说了半天，发现并没有人在听他的讲述。他死里逃生的巨大喜悦与被冷落的心情形成强烈的反差。这让张平觉得，早知如此，不如不乘飞机回家过中秋节了。

要想夫妻之间的关系更加融洽，不仅需要沟通，更需要倾听。当你兴致勃勃地向丈夫或者妻子诉说一件事的时候，却发现他（她）对你说的话一点兴趣都没有，无疑会受到很大的打击。

一个人不仅要学会说话，更要学会倾听。夫妻之间如此，亲朋好友之间更是如此。懂得倾听，不仅是对对方的一种关爱、理解，更是调节双方关系的润滑剂。每个人在烦恼或者喜悦的时候都有一种愿望，那就是渴望与人分担，渴望对人倾诉，并且希望得到倾听者的理解与赞同。张平的妻子正是因为没有做到这一点，才导致了悲剧的产生。

没有人生来就能说会道，好的口才都是经过后天训练得来的。但是，在学会说话的艺术之前，请先学会如何听话。

说与听是一体两面，在说话的同时，先要学会如何敞开心灵去倾听对方的心声，一双会倾听的耳朵，在人际关系中具有无与伦比的魅力。注意倾听，正是我们对别人最大的恭维与尊重。倾听是这个世上最美的动作。

想要拥有良好的人际关系，不仅要会说话，更要学会听话。

洗耳恭听，恭敬回答

任何人都希望受人欢迎，也希望别人能了解自己。因此，不少人都想方设法来训练自己的口才，让自己能言善道。这都是"会说话才能使沟通顺畅圆满"的心理所造成的。

1. 会说话是否就能使沟通顺利

以开会来说，无论是公司会议还是公众会议，纵然主持人擅长说话技巧，但如果从头到尾都是他一人发表意见，那么这会议充其量只是报告会。

只有出席者也发言，提出具有建设性的问题或意见，才能达到沟通的目的。"说"与"听"是沟通不可或缺的条件，而这两者相互平衡，才会产生理想的沟通。

像这种情形也适用于一对一的交谈。由此可见，与其强求成为很会说话的人，不如先成为能倾听的人，如此有助于沟通。

2. 到底"听人说话"具有何优点

第一，能获取对方的信息。这一点在许多人身上都得到了证明。可以肯定，不听人说话的人，不可能受人欢迎。

第二，通过听人说话可训练回话技巧。

谈话是否能提起别人兴趣，与话题好坏息息相关。所谓话题，除了可得自报纸、电视与杂志等媒体之外，也可从他人身上获得。换句话说，多听人说话可增广见闻，使谈话内容越来越充实。因此，能"听话"的人自然也会"说话"。

环顾四周的人可以发现，懂得说话艺术的人，也都了解听人说话的重要，由于他们不断吸收别人的话题，于是更丰富了自己的话题。相反的，那些言语乏味的人，大都是从不听人说话的人，不但如此，反会炫耀自己或批评别人。

　　如此看来，说话技巧好坏与否并不重要，只要能用心学习听话技巧，就能广得人缘。

听得越多，越容易回答

相信你对松下集团的负责人松下幸之助并不陌生，松下成功的秘诀，在于建立庞大的销售网络。然而，在建立目前稳固的销售体制前，也曾经历几次经营上的危机，所幸都克服了。

其中以 1965 年开始的经济低迷期最严重，连带影响松下电器销售行和代理店，使之都陷入困境。当时，松下为改善情况，决定彻底检讨整个销售体制。但却遭到部分销售行和代理店的反对，而且反对的声浪日渐高涨。

于是，松下召集 1200 家销售行的负责人，由持反对意见的负责人一一发表意见。然后才轮到他本人发言，他态度温和，详细说明新的销售方式。由于松下谦和地应对，终于获得全体与会负责人的支持，同意推行新方案。

日本前首相田中角荣是有名的"名嘴"，他同样具有特殊的说服力。尤其在地方上做街头演说时，更是倾倒所有在场的听众。

为什么他的演说如此有魅力呢？仔细加以分析，是由于他有"听话"的涵养。

据说，他十分重视民意，每天都会接见陈情的百姓，而且对每个人一视同仁，再细微的事也会照办。但真正使演说成功的，却是专心倾听意见与谦虚的态度。

不可否认，唯有听人说话，别人才能接纳自己的看法。如此双方必能产生信赖关系，使说话具有说服力。以上两个例子告诉我们，听别人说话，是与人沟通必须采取的基本态度。

让对方多说点

上了年纪的人大都比较唠叨，经常会重复相同的话题。特别是"现在的年轻人……"或"我们那时候……"等。而听者难免会不耐烦，很想捂住耳朵。不过，抱这种态度一定听不到真心话。

有位资深记者曾透露自己的亲身经历。以前他追踪报道某杀人案件时，知道一位老人对涉嫌的凶犯很了解，于是时常到老人家访问，但事情却一直没有进展。那位老人每次见到他总是说："哦，你要问××啊，我知道他……"内容几乎都相同，采访陷入了胶着状态。

为打破僵局，他开始改变采访方式，不再以记者采访的口吻问话，而改说："老先生，您的谈话很有趣，可不可以多说一些……"语气就好像是孙子央求爷爷讲故事一样。据这位记者说，这计策是用来鼓励老人说出真相的。

果然这种方式奏效了，老人的态度逐渐有所改变。他的谈话内容与以前大致相同，但其中掺杂一些新的事实。于是这位记者详细地了解到了凶犯的出生秘密及幼年的悲惨生活。这是因老人对记者的态度发生好感，才会打开心扉，毫不隐瞒地全盘托出。

同样的例子还有很多。如果你想认识某人，不妨找熟识对方的朋友询问。而对方所说的你可能都已明白，但应避免说"我全都知道了"，否则一定无法听到其他的真相。

你必须改变态度，表示对这件事相当热衷，让对方感到很有面子，那么对方才可能说出真话，而你自然能够完全了解想知道的内容。

用一只耳朵，听自己说话

理想的交谈是既了解对方的内容，也能正确传达自己的意思。唯有如此，回话才算成功。然而，在谈话结束时，可能会发生已大致明白对方所言，却忘记自己说些什么的情形。这情形要是在聊天时，可不必介意，但如果在谈生意，恐怕将损失不少。

像这样的失败，以新进职员居多，这大概是由于过分紧张，而被对方的话吞没。明明很仔细听讲，也适当地提出问题，但交谈完毕后，竟然对自己的谈话印象很模糊。

说起来，这种谈话称不上是圆满。真正圆满的谈话，不仅需要用心听对方说话，还要以一只耳朵听自己的发言内容。

美国有位专门研究语言问题的学者曾表示："与人交谈时，需先评判自己所说的话，同时需准备另一个自己的头脑。"意思是，在谈话时，自己的脑中另有一个自己，也就是设定另一个自己，然后对这个自己说话。不管怎样，除了需要倾听对方说话外，也需仔细听自己发言，并牢牢记在心。

有一位讲师，为使演讲内容充实，通常都会设定三种听讲对象：

1. 自己。

2. 另一个自己。

3. 听众。

而演讲主题则围绕着这三种听众，结果演讲大都能圆满成功。

有位建筑设计师与顾客洽谈时，也都会设定类似的三种情况。

建筑房子当然是按照设计图施工，但外行人根本不了解设计图，所以他就以具体的方式对顾客说明，如"外观是明朗的南欧式""客厅向南、地板是木质"或"厨具采用压塑板"等。如此说明不仅对方容易了解，也具有说服力。

　　这么说来，与人交谈时，必须以一只耳朵听对方说话，以另一只耳朵听自己发言，否定很难正确地与对方沟通。

不可随意打断发问

某评论家也是主持会场的高手。他曾在自己的著作中提到"谈话与礼节"这个问题。书中表示，一般年长的人说话都倾向于"说教"，但仍须虚心地听。即使长辈表达不完整，也应避免中途打断。

有一天，我们聚在一起闲谈，天南地北扯不完。记得他向我问话时，我不待他问完即打断，说："你是不是要问我……"对此，他并未显露出不悦的表情，只是暂时打住问题而听我说。

他掌握时机分秒不差，不由得叫我佩服得五体投地。他配合当时的情况，先让给我发表意见的机会，然后才由自己继续未完的问题，听人说话技巧的确高人一筹。毫无疑问，说者往往会受听者的礼节与情感所引导。

交谈中须相互交换意见，才能进行顺利。应在坦诚谈话并表示了解后，才陈述自己的意见。倘若不遵守这原则，可能会造成各说各话的情形，以至于谈话不投机，损害人际关系。

然而，我们常因热衷于谈话，而忽略了这一原则。虽然完全没有恶意要抢先，却会发生打断对方谈话的情形。比方说，对方正在提问题时，你打岔说："是啊，我也正想提这点呢。"或者对方反问之际，你连忙矢口否认："不！不！我将于这月中提出完整的计划。"打断对方而发表自己的意见。

像这样的谈话方法，最容易引起对方不满。应等候对方说完，才正式提出自己的意见才是。在表达本人看法前，必须用心听讲，充分显露出尊重的态度。应特别注意，听话有礼节是帮助说话技巧的要素。

　　尤其是面对长辈或顾客时，更需具备这种礼节。举例来说，在发问中，对方说道："关于这点……"你应立刻停止发言而专心听对方说，这表示自己愿意帮助对方尽早解决疑问，绝不能打断对方的话题。当然，更重要的是从对方谈话中掌握对方的意向。

用心倾听，适时插话

有位小提琴教授，他的教学方法独树一帜，对于初学琴的学生，他不发给他们乐器，而要求他们默默地"听"人练习拉琴，直到学生的学习意愿达到顶峰时，才让他们接触乐器练习，结果大部分学生经过短期练习就有了优异表现。

像这种情形也可运用于语言沟通方面。有些人急于表达自己的意见，却因表达不完整而焦躁。这时，听者与其不停地催促，不如静静地等候，如此反而能帮助说话者表达清楚。

为什么这种方法能奏效？我们都知道，听同样一个人说话，听者的反应常因说者当时的状况及谈话内容而改变。同理，说者的反应也会随着听者而起伏不同。如果听者反应太强烈，完全不考虑说者的立场，往往只能听到索然无味的内容。

好比鱼类和蔬菜有盛产期一般，说话也要讲究时机。等待时机也是听话的技巧之一。齐女士为某杂志社撰写专栏，她教育子女很有一套，值得我们借鉴。

关于孩子的服装或礼貌她从不干涉。比方说，上幼儿园的儿子毛衣前后穿反时，其他孩子妈妈一定加以纠正："赶快穿好，不然其他小朋友会笑你的。"但她却置之不理，就让孩子去上学。

结果孩子放学后，毛衣已穿好。这是因为孩子发现了自己的错误而自动改正了。有一次，他的裤子又前后穿反，由于没办法上厕所，第二天自然就穿对了。

的确，由自己发现而纠正错误，比较不会再犯相同的错误。说话与穿着或礼貌相同，都需耐心等候时机到来，这点是不容怀疑的。

　　要是能等待，而不催促说者，保证能舒解说者的紧张，听者当然就有耳福了。

掌握倾听的技巧

在互联网和其他现代化数字传媒纷纷进入人们的学习、工作、生活的时代背景下，对话、沟通成为人们的趋向性选择。与此同步，思想文化的教育方式也随之由注重单向灌输变为重视双向交流，倾听自然也就成为这种互动交流的必要前提和条件，成为连接双方心绪的桥梁和纽带。也正因为如此，有许多人必须从以前那种好为人师、"我讲你听"的习惯中走出来，跟上时代的脚步，提高自己倾听的素养和能力，掌握倾听的技巧。而要学会倾听，在当前至少有以下几点是应该给予足够重视的。

1. 倾听要耐心

耐心是使诉说和倾听得以进行下去的基本保证。倾听时不能急，急了，就是不让人说话；倾听时不能躁，躁了，就会频频打断别人说话；倾听时不能烦，烦了，就会让诉说者顾虑重重、欲言又止。总之，倾听要有耐心，有耐心才能更好地倾听。

耐心是一种态度。倾听的根本问题是态度问题，不是方法问题。毛泽东同志指出："怎样使对方说真话？各个人特点不同，因此，要采取的方法也不同。但是，主要的一点是要和群众做朋友，而不是去做侦察，使人讨厌。"管理者要想听到群众的心声，首先要有尊重人、关心人、平等待人的根本态度，要把群众当成无间亲朋、良师益友。应该认识到耐心倾听群众的呼声是坚持民主作风的体现，是贯彻群众路线的基本前提，而这种态度就表现为面对群众时的满腔热忱，倾听诉说时的认真细致，听到问题时的赞许鼓励，闻知困难时的关注关切。

耐心是一种涵养。管理者从群众中既能听到赞美鼓励，又能听到逆耳之言；既能听到简短汇报，又能听到唠叨长谈；既能听到真知灼见，又能听到风言风语。面对各种声音，管理者需要有海纳百川的气度，要能听得进千言万语。法国著名作家雨果说过："世界上最宽阔的是海洋，比海洋更宽阔的是天空，比天空更宽阔的是人的胸怀。"管理者就应具备宽广的胸怀和容人的素质，要有耐心倾听不同的声音，要能在听的过程中耐心寻找他人思想的火花。

耐心是一种习惯。秦末，楚汉相争。初始，汉高祖刘邦处于劣势，兵寡势微，屡战屡败，但是他从谏如流，始终愿意耐心听取他人的意见，把倾听意见作为习惯，变成个人风格，终于以弱胜强。而项羽则高傲自大，闭目塞听，仅有一个谋士范增，还不愿用，最终失去了优势，无颜再见江东父老。同样，管理者要为企业建设出谋划策，要为广大群众解决实际问题，需要掌握各方面的情况。面对纷繁复杂的局面，管理者必须把倾听变成自觉行为，内化为良好习惯，形成工作作风，才能耐下心性听取八方来言，才能心平气和听完各种意见，也才会为做好工作打下扎实的基础。

2. 倾听要虚心

只有虚怀若谷，才能容纳各种不同意见。倾听，不论听到什么意见——正面的、反面的，料到的、意外的，好听的、难听的，都要"洗耳恭听"。这样，才会收到"知无不言，言无不尽"的奇效。

虚心表现为不自以为是。好为人师，自以为是，不由分说，拒人于千里之外，都是倾听的大敌。管理者在任何时候都不能认为自己有多高明，应该认识到高明是相对的，一个人不可能比一切人高明，也不可能在一切事上都高明，只有虚心听取不同意见，做到耳听八方，才能了解真实情况，才能为群众所认可。正如汉代桓宽在《盐铁论》中所讲："多见者博，多闻者智，拒谏者塞，专己者孤。"管理者只有谦虚好学，多听多看，兼听善择，才能视野开阔，知识丰富。否则，自高自傲，夜郎自大，只能导致独断专行，陷于被孤立的境地。

虚心表现为不拒绝批评。倾听不只是听好听的话，更要听难听的话，难听的话中有真相、真情、真理。"良药苦口利于病，忠言逆耳利于行"，讲的就是这个道理。唐太宗李世民多次被谏臣魏征尖锐的措辞激得面红耳赤，但他能够虚心纳谏、容人谏言，反而从魏征那里受益匪浅，因此魏征死后他痛哭流涕："以人为镜可以明得失，魏征殁，朕亡一镜矣！"面对批评，人们不仅要能听，还要善听、愿听、爱听。要以"闻过则喜"的胸怀对待批评，做到"言者无罪，闻者足戒"。只有这样，才能听得进逆耳忠言，才会吃得下苦口良药。

虚心表现为不居高临下。倾听是发扬民主、集思广益、团结人民群众的有效途径，是管理者礼贤下士、平易近人、礼貌待人的直接体现。三国时，刘备不以诸葛亮位卑而轻之，三顾茅庐问天下计，诸葛亮因感"先帝不以臣卑鄙"之恩而"鞠躬尽瘁，死而后已"，成为千古佳话。虽然，人有大小、新老之分，言有长短、轻重之别。但是，管理者应该深知"微言"有大义、"小计"含真情，放下架子、面子倾听群众的声音，就会得到群众的敬重，就会得来群众的肺腑之言，就会赢得群众的支持拥护。

3. 倾听要诚心

心诚则灵。心不诚，如果只是表面上装出倾听的样子，而实际上心不在焉，那么，不仅听不到真言，还会因此交不到诤友。

倾听要真诚。"人心换人心，五两对半斤"，管理者只有真心诚意地去听群众的声音，群众才会从心里接受你、感谢你、支持你。日本松下公司多年来有一项制度，就是每月发工资时，工资袋里必须有一封总经理给职工的亲笔信。信都写得真诚感人，职工拿到工资袋，不数钱，先看信，还拿给家人看，看到感人处一家人都掉眼泪。正是因为公司这种真诚待人的态度，使得松下员工都尽心敬业、努力工作，也使得松下公司成为世界著名企业。"精诚所至，金石为开"。管理者要想听到真实的话语，必须抱有真诚的态度，做到用心去听，用情去听，绝不能虚情假意，敷衍了事。

要理解对方。群众向管理者诉说衷肠，多半是因为心里有了解不开的疙瘩或遇到了棘手的问题。因此，倾听时必须要理解诉说者的心情和处境。要由人推己，站在当事人的角度来感知诉说者的困难和心境，理解他们的心情和需要。要通情达理，面对群众的不满之辞和偏激话语，应该理解他们、体谅他们，用自己的诚心来解开群众的心结。要想人所想，对待群众的事情和疾苦，应该急人所急、忧人所忧。只有这样，才能与人交心，大家才不会把你当成外人。

4. 倾听要细心

古人云"天下大事，必作于细"。倾听中，管理者只有心细如发、见微知著，才能敏锐地感知群众的心迹，才能迅速地抓住问题的端倪。

要听清。倾听不是不动脑子地随便听听，而是要集中精力：认真、用心地听。管理者在倾听群众反映情况时不能"心不在焉"或"左耳进右耳出"，更不能还没等对方讲完就"先声夺人""先入为主"。这样，不但听不清群众的话语，而且还会影响群众的情绪，"听"还不如"不听"。要听清话语，必须聚精会神，心无旁骛，自始至终地认真听群众的每句话语。要记清话语，除过用笔去记外，还要用脑去记，用心去记，记清群众的情绪态度，记住群众的殷切期望。

要听准。"差之毫厘，谬以千里"，这个道理同样适用于倾听。听不准群众的话语，就弄不清群众的想法，就不会清楚群众的需要，也就会使后面的工作无的放矢，甚至出现偏差。要听准话语，需要心随耳动，切实弄明白群众说的重点是什么、心里的想法是什么、希望达到的目的是什么，尤其对于重要、敏感的话语，应该有意再询问订正一下，确保准确无误。要听准话语，还需要闻百家之言。"兼听则明，偏信则暗"，只有倾听多种声音、征求多种意见，并经过分析辨别、综合衡量后，才能找出最准确的信息。

要听真。"说话听声，敲锣听音"。倾听要辨识，没有辨识怎能听真？管理者要想把准群众的思想脉搏，弄清事物的本来面目，就要会听言下之意、真实之音。人们的经历和环境不同，个性特征、学识、修养和思维方式也会不同。有的人说话直接反映他的真实想法，有的人则常常用反话、气话、怪话等曲折的方式来表现意见倾向。所以，相同的话由不同的人来说，其含义可能是不相同的。因此，管理者倾听时一定要开动脑筋，对听到的话进行具体分析、去伪存真，从而摸清群众的真实想法。

第九章
非语言回话：神奇的肢体语言

　　人们在回话时，往往动作比语言更为有效。非语言沟通要素中的动作在回话过程中是重要的，人际沟通中65%的社会意义由非语言信息来传递。作为一名沟通高手，不仅要熟练地运用语言沟通技巧，而且还要懂得正确地运用非语言沟通技巧。

　　非语言沟通主要是肢体动作（又称肢体语言），同时还包括了衣着、物件、颜色和环境的营造等对沟通的影响。

肢体是怎么回话的

肢体语言会伴随着我们的说话同时产生。肢体语言来自面部表情、眼神接触、手势、站立姿势和态度，大多数情况下，它是受潜意识支配的，有些简单的肢体语言甚至能抵得上千言万语。可以说：无声语言所表达的意义要比有声语言多得多。

运用肢体语言能够传达你的言外之意和情感，从而引导对方，让沟通更加顺畅。那么，我们如何让自己的身体会"回话"？

1. 体态

达·芬奇曾说过，精神应该通过姿势和四肢的运动来表现。同样，在人际交往中，人们的一举一动，都能体现特定的态度，表达特定的含义。

一个人的体态会流露出他的态度。身体各部分肌肉如果绷得紧紧的，可能是由于内心紧张、拘谨，在与地位高于自己的人交往中常会如此。推销专家认为，身体的放松是一种信息传播行为。向后倾斜15度以上是极其放松。人的思想感情会从体态中反映出来，略微倾向于对方，表示热情和兴趣；微微起身，表示谦恭有礼；身体后仰，显得若无其事和轻慢；侧转身子，表示嫌恶和轻蔑；背朝人家，表示不屑理睬；拂袖离去，则是拒绝交往的表示。

我国传统很重视在交往中的姿态，认为这是一个人是否有教养的表现，因此有"站如松，坐如钟，行如风"之说。

在日本，百货商场对职员的鞠躬弯腰还有具体的标准：欢迎顾客时鞠躬30度，陪顾客选购商品时鞠躬45度，对离去的顾客鞠躬45度。

如果你在交谈过程中想给对方一个良好的第一印象，那么你首先应该重视与对方见面时的体态表现，如果你和人见面时耷拉着脑袋、无精打采，对方就会猜想自己也许不受欢迎；如果你不正视对方、左顾右盼，对方就可能会怀疑你对于这次会面是否有诚意。

2. 目光

两个人对话时，目光接触，是最能传神的非言语交往。"眉目传情""暗送秋波"等成语形象地说明了目光在人们情感交流中的重要作用。

目光不免会经常接触，而从对方的目光中，很容易了解对方的感觉。如果对方目光有神地望着你，至少他是在专心听你说话；如果对方目光四处游移，一副心不在焉的样子，可能是他对话题不感兴趣，这时我们便要适时地将话题引导至其他能够引起对方兴趣的方面。

在人们交往过程中，彼此之间的注视还因人的地位和自信而异。在一次实验中，研究人员让两个互不相识的女大学生共同讨论问题，预先对其中一个说，她的交谈对象是个研究生，同时却告知另一个人说，她的交谈对象是个高考多次落第的中学生。观察结果是，以为自己地位高的女学生，在听和说的过程都充满自信地不住地凝视对方，而自以为地位低的女学生说话就很少注视对方。在日常生活中也能观察到，往往主动者更多地注视对方，而被动者较少迎视对方的目光。

3. 表情

许多人的喜怒哀乐都是写在脸上的，即使是一个深沉的人，从脸部表情变化上都多少可以看出一些端倪来。例如，两方代表团对坐于谈判桌前，在后排的人士中，就有人专门解读对方表情变化。

又例如，老师上课讲了一段后，会问学生懂了没有，如果学生是一脸茫然的表情，不用说，一定是似懂非懂了。可见面部表情也是一门可以深入研究的学问。

4. 语气

说话时语气的抑扬顿挫，对于说话内容有很大的影响，比如说吵架的时候，通常都是比较大声；情话绵绵时却又是窃窃私语了。说话时有一些辅助的字句，例如"嗯""啊""噢"等，虽然都是语尾助词，却也是可以听得出另一番意义的。

有一次，意大利著名悲剧影星罗西应邀参加一个欢迎外宾的宴会。席间，许多客人要求他表演一段悲剧，于是他用意大利语念了一段"台词"，虽然客人听不懂他的"台词"内容，但他那动情的声调和表情，凄凉悲怆，不由使大家流下同情的泪水。可一位意大利人却忍俊不禁，跑出会场大笑不止。原来，这位悲剧明星念的根本不是什么台词，而是宴席上的菜单。

恰当自然地运用各种语音语调是交际成功的前提。一般情况下，柔和的声调表示坦率和友善，在激动时自然会有颤抖，表示同情时略微低沉。不管说什么话，阴阳怪气的，就会像是在冷嘲热讽。鼻音哼声往往表现傲慢、冷漠、恼怒和鄙视，是缺乏诚意的表现，会使人不快。

5. 衣着

在谈判桌上，人的衣着也在传播信息。意大利影星索菲亚·罗兰说："你的衣服往往表明你是哪一类型，它代表你的个性，一个与你会面的人往往自觉地根据你的衣着来判断你的为人。"

衣着本身是不会说话的，但人们常在特定的情境中以穿某种衣服来表达心中的思想和要求。在人际交往中，人们总是恰当地选择与环境、场合和对方相称的衣着。在谈判桌上，可以说衣着是谈判者"自我形象"的延伸扩展。同一个人，穿着打扮不同，给人留下的印象也完全不同，对交往对象也会产生不同的影响。

美国有位营销专家做过一个实验，他本人以不同的打扮出现在同一地点。当他身穿西服以绅士模样出现时，无论是向他问路或问时间的人，大多彬彬有礼，而且他们看来基本上也是绅士阶层的人；当他打扮成无业游民时，接近他的多半是流浪汉，或是来找火借烟的。

身体语言的解读和运用，必须结合具体的沟通情境、不同的风俗习惯以及人物的性格特点等进行具体分析。同样一种表情、动作或神态，在不同的沟通情境、不同的地域里所反映的意义可能会大相径庭，而不同性格的人在传递信息时展示出的身体语言也各不相同。例如，竖起大拇指的手势，在中国表示赞扬，在日本表示"老爷子"，在希腊表示让对方"滚蛋"，而在英国等地则常常有一种侮辱人的意味。又如，有些人用双手摊开的动作表示"我就是这么倔强，你还是不要再浪费口舌了"，而另外一些人则用这个动作表示"真拿你没办法，我服了你，就按你说的意思办吧"。

微笑架起友谊的桥梁

微笑作为一种特殊的身体语言对于现代商务人士来说非常重要。商务交往中，你的客户可不想看到你愁眉苦脸的样子。相反，如果不时地施以真诚的微笑，就可能感染他，使之愉悦并更愿意与你相处。

微笑时，眼睛也要"微笑"，否则给人的感觉只能是更糟糕的"皮笑肉不笑"。"一条缝的眼睛"一定是大笑的结果，而正常状况下至少应该是眼睛微眯，这样会令你的微笑更传神、更亲切。微笑着说"您好""是啊""嗯""我同意"等礼貌用语会让你更有亲和力。微笑要与正确的身体语言相结合，才会相得益彰。你绝不应该在微笑时还表现出一种消极的身体语言。

有微笑面孔的人，就会有希望。因为一个人的笑容就是他传递好意的信使，他的笑容可以照亮所有看到他的人。没有人喜欢帮助那些整天愁容满面的人，更不会信任他们；很多人在社会上站住脚是从微笑开始的，还有很多人在社会上获得了极好的人缘也是从微笑开始的。

任何人都希望自己给别人留下好感，这种好感可以创造出一种轻松愉快的气氛，可以使彼此建立友善的联系。一个人在社会上要靠这种关系才可以立足，而微笑正是打开愉快之门的金钥匙。

如果微笑能够真正地伴随着你生命的整个过程，这会使你超越很多自身的局限，使你的生命自始至终生机勃发。

现实的工作和生活中，一个人对你满面冰霜，横眉冷对；另一个人对你面带笑容，温暖如春，他们同时向你请教一个问题，你更欢迎哪一个？当然是后者，你会毫不犹豫地对他知无不言，言无不尽，问一答十；而对前者，恐怕就恰恰相反了。一个人的面部表情亲切、温和，远比他穿着一套高档、华丽的衣服更吸引人注意，也更受人欢迎。

微笑是一种宽容、一种接纳。它缩短了彼此的距离，使人与人之间心灵相通。喜欢微笑着面对他人的人，往往更容易走入对方的天地，难怪人们强调："微笑是成功者的先锋。"

罗曼·罗兰曾说："面部表情是多少世纪培养成功的语言，比嘴里讲的复杂到千百倍的程度。"在面部表情中，人们最偏爱的就是"微笑"了。我们的生活需要笑容，因为它有益于我们的身心健康；我们的工作更需要笑容，它会满足客户和所有人的希望。

微笑能表达一种良好的精神风貌，是生活的魔力棒。它能给人解除忧虑，带来欢乐。善意的微笑，对覆冰盖雪的角落是一缕和煦的春风，让人感到一股春风送爽的温暖。微笑是美的，因为它表现了许多难以言传的感情。

笑有真有假，真正的微笑是不受控制的，是真的从心里往外、压抑不住的高兴，是一种由衷的满足。只有微笑才能感染对方，从而产生呼应，达到最佳的效果。笑的时机要恰当，并要注意选择笑的场合。该笑的时候笑，不该笑的时候就不能笑，否则会适得其反。比如，欢庆、轻松的气氛中应该笑；悲伤的场面或看望久治不愈的病人时就不该笑。

微笑是通过不出声的笑来传递信息的，不仅是人的外在表现，更是内在精神的反映。只要我们出自真诚、运用得当，就会赢得对方的好感，从而获得意想不到的收获。

微笑不仅能让人驱走心灵的阴霾，还会让人变得友善。

有一次，一位窘困不堪的乞食者将手伸到了屠格涅夫面前。屠格涅夫搜遍全身，什么也没有。于是，他紧紧握住乞者的手，微笑着说："兄弟，很抱歉，今天我忘记带了。"乞讨者眼里荡漾着异样的光芒，感动地说："这个手心，这个微笑，就是周济！"

温暖的微笑在人际交往中具有丰富的内涵，是自信的象征，是心理健康的标志，是礼貌的表示，是和睦相处的反映。目光生动的微笑，就像明媚的阳光一样，使人心旷神怡，可以驱散阴云，淡化矛盾，可以化干戈为玉帛。

人生的美好就是心情的美好；人生的丰富就是人际关系的丰富。当用发自内心的微笑对待对方时，便主动地掌握了人与人之间真诚交往的尺度。如果可以用微笑开始，用微笑结尾，那微笑的价值是不言而喻的。

微笑是零距离人际交往的明信片，架起了彼此间友谊的桥梁，打开了从表面驶向心海的航线，是最接近心灵的回话交流方式。

眼神回话，无声胜有声

眼睛是人与人说话中最清楚、最正确的信号，因为它是人身体的焦点。人们通常所说的"眼睛是心灵的窗户""她的眼睛会说话""他的眼神不定"，都是说眼睛对人类行为的巨大作用。与对方保持最直接的交流，除了语言就是眼神了。

在倾听别人说话的过程中，一定要运用好自己的眼神。要想使对方知道自己在认真听取他的讲话，你的眼神与对方的眼神一定要保持好联系。对方讲话时，你最好与他的眼神不断地会合，不要东张西望。随便看其他东西听人讲话，说话的人一定会感到不高兴。

眼睛盯着一件东西看，这对有些人来说有点困难。但是，如果你正在努力赢得他人的好感，并且想表示你所说的话很认真，这就显得很重要了。例如，当你走进老板的办公室要求他给你升职时，如果你的眼睛紧盯着他，而不是低着头，那么他会更认真地考虑你的请求。当你在单位陈述你的一份商业计划时，如果你用自信的眼神看着周围的人，那么大家就会更加信任你并认可你的计划。

理解了对方的意思时，要表现出领会的眼神；渴望得到对方的讲解时，要表现出诚恳的眼神；对方说到幽默处，表现出喜悦的眼神；对方显得悲伤时，要表现出同情的眼神。耳朵与大脑是语言的接收器，眼睛则是接收后的反应器。听到别人的信息也置若罔闻、呆若木鸡，谈话的双方就无法对话下去，应该及时接受、及时反应，从而吸引住说话人的注意力。

用眼睛和别人说话，不仅表明你很自信，同时也表示你对别人很尊敬。当你发表演说时，眼睛要注视着对方，语气里要带有更多的强调成分，加入更多的感情色彩。如果你的眼睛看着别处或盯着地板，那就说明你对自己所说的话并不确信，或者你说的可能根本就不是事实。例如，当销售人员向客户介绍产品时，眼神中透射出的热情、真诚和执着，往往比口头说明更能让客户信服。充满热情的眼神，还可以增加客户对产品的信心以及对这场推销活动的好感。

俗话说："一个目光表达了1000多句话。"这句话也同样体现在职场中。在工作中，目光中除了能看出上级与下级、权力与依赖的关系外，还能揭示出更多的东西。

上司说话时，不看着你，这是个坏迹象。他想用不重视来惩罚你，说明他不想评价你。上司从上到下看了你一眼，则表明其优势和支配，还意味着自负。上司久久不眨眼盯着你看，表明他想知道更多情况。上司友好地、坦率地看着你，甚至偶尔眨眨眼睛，则表明他同情你，对你评价比较高或他想鼓励你，甚至准备请求你原谅他的过错。上司用锐利的眼光目不转睛地盯着你，则表明他在显示自己的权力和优势。上司只偶尔看你，并且当他的目光与你相遇时马上躲避，这种情形连续发生几次，表明面对你，这位上司缺乏自信心。

眼睛能作为武器来运用，使人胆怯、恐惧。常见的瞳孔语言为，在表示反感和仇恨时，瞳孔缩小，还露出刺人的目光；相反，睁大眼睛则表示具有同情心和怀有极大的兴趣，还表明赞同和好感。

俗话说："眼睛是心灵的窗户。"一个人的眼神往往最能反映一个人的内心。因此，在与客户说话时，不但要学会从客户的眼神中来了解他们的内心，也要学会利用自己的眼神来表达自己的情意。一方面，与客户说话时，要注意看着对方的眼睛，用眼神来与客户进行交流，显示出对他们的尊重。此外，眼神又要用得恰到好处，既不能死盯着对方，又不能让人感觉到不自在，或者使人觉得你别有用心。

有人对你说话时，眼睛要注视着他；有人发表意见时，你的身体和脸要正对着他。无论我们和周围的人用什么方式交流，也不管表达的内容是什么，我们肯定会对那些用眼神和我们说话的人给予更多的关注和回应。

触摸，一种无声的回答

触摸是一种无声的语言，是非语言回话的特殊形式，是人际交流中最亲密的动作，包括抚摸、握手、依偎、搀扶、拥抱等。触摸能增进人们的相互关系。它是用以补充语言说话及向他人表示关心、体贴、理解、安慰和支持等情感的一种重要方式。

触摸行为也是一种沟通方式，能起到比言语更为有效的效果。

触摸是人际沟通中最有力的方式之一，因为每个人都有被触摸的需要。心理学的研究表明，人们不仅对舒适的触摸感到愉快，而且会对触摸对象产生情感依恋。如果你谈过恋爱，你会发现，你和恋人关系的进步往往取决于身体接触的一瞬间，哪怕只是牵手的一瞬间，你们的情感也会发生质的变化。

每一个个体都有被触摸的需要，这是一种本能。婴儿接触温暖、松软物体会感到愉快，他们喜欢拥抱、抚摸。比如，触摸孩子的头、手等能满足他们对爱的需求，可以转移其注意力，能给他们安全感、信任感，消除他们的恐惧心理。

触摸行为，能够传递出各种不同的信息。

1. 传递情绪信息

心理学专家研究发现，触摸能够传送五种不同的情绪：漠不关心、母亲般的照顾、害怕、生气和闹着玩。另一项研究发现，大部分的人在向另一个人致意和说"再见"时，都使用触摸，而长久分别时的触摸（如握手、拥抱等）更为强烈些，使分别更富于情感。一个人触摸另一个人的肩膀，意思就是："不要感觉这个讨论是一种威胁"，或者可能是"这真的很重要"。

2. 传递地位信息

一般来说，主动触摸对方的人往往是地位较高的人，而且两人之间没有障碍和矛盾。所以，在日常交流中，大多是教授、老板、大人主动触摸学生、雇员、小孩。通常，地位低的人往往希望得到地位高的人的触摸。具有支配性个性的人或者企图显示这种支配性的人，往往主动采取触摸行为。

善用手势，有效回答

手势是人与人交往时不可缺少的动作，是最有表现力的一种"体态语言"。俗话说："心有所思，手有所指。"手的重要性并不亚于眼睛，甚至可以说手就是人的第二双眼睛。

手势的运用场合有很多，在日常的实际运用中，手势包括握手、拱手、招手、挥手、摆手、摇手等。这些姿态都要做到有感而发、准确、自然、优雅而不生硬，一定要从实际出发，使动作恰当而简明地说明问题，表达感情。

那么，正确的手势又是怎样的呢？常见的手势有以下四种：

1. 情意手势

主要用来表达谈话者的情感。如在演讲中说道"我们一定要扭亏为盈！"配合有声语言，他的右手由右上方向左下方劈下，并在说出句尾的"盈"字时顺势握成拳头，显得有力而果断，给人以信心和力量。

2. 指示手势

用于指明要说的人、事、物、方向等。"作为一个国家，振兴中国只有一个选择，就是必须走建设具有中国特色的社会主义道路。"配合有声语言，右手上举于头侧，握拳伸出食指，引起听者对这一神圣选择的关注。

3. 象形手势

用来描摹、比画具体事物或人的形貌。"什么是爱"和"爱不是得到而是奉献！"配合有声语言，双臂在胸前平伸，臂微弯，手心朝上，模拟献物状，会加深对方对爱的理解。

4. 象征手势

象征手势常用来表达抽象概念。"对学生而言，我们去的地方是国家建设最需要的!"配合有声语言，右手向前方伸出，象征西部、边疆等最需要的地方。

手势可以根据手的动作范围分为三个区域：上区为肩部以上，在演讲、辩论中应用较多，表现雄心勃勃、积极、有动力、自信等；中区为肩部至腰部，多用于一般性的叙述事物和说明事理，表现坦诚、平静、和气等中性意义，这是最常用的领域。下区为腰部以下，多表示憎恶、不悦、不屑、不齿、排斥、否定、压抑等。

手势的巧妙运用会有助于你塑造良好的形象、优雅的气质，并适当地展示你的形象，不良的手势，则会严重影响形象，会让沟通受到阻碍。使用手势应该注意以下几点：

（1）在交往中，手势不宜过多，动作不宜过大，给人以优雅、含蓄和彬彬有礼之感，切忌指手画脚和手舞足蹈。

（2）打招呼、致意、告别、欢呼、鼓掌均属于手势范围，应该注意其力度的大小、速度的快慢、时间的长短，不可过度。鼓掌是表示欢迎、祝贺、赞许、致谢等礼貌举止。在正式社交场合，观看文艺演出、重要人物出现、听报告、听演讲等都用热烈的鼓掌表示钦佩、祝贺。鼓掌的标准动作应该是用右手掌轻拍左手掌的掌心，鼓掌时不应戴手套，宜自然，切忌为了掌声大而使劲拍手，应自然终止。鼓掌要热烈，但不要"忘形"，一旦忘形，鼓掌的意义就发生了质的变化而成为"喝倒彩""鼓倒掌"，有起哄之嫌，这样是失礼的。注意鼓掌尽量不要用语言配合，那是缺乏修养的表现。

（3）在任何情况下，都不要用大拇指指自己的鼻尖，不要用手指指点他人。谈到自己时应用手掌轻按自己的左胸，那样会显得端庄、大方、可信。用手指指点他人的手势是不礼貌的。

（4）一般认为，掌心向上的手势有诚恳、尊重他人的含义；掌心向下的手势意味着不够坦率、缺乏诚意等。握紧拳头暗示进攻和自卫，也表示愤怒，伸出手指来指点，是要引起他人的注意，含有教训人的意味。

因此，在介绍某人、为某人引路指示方向、请人做某事时，应该掌心向上，以肘关节为轴，上身稍向前倾，以示尊敬。这种手势被认为是诚恳、恭敬、有礼貌的。

（5）有些手势在使用时，应注意不同国家、不同区域的习惯，不可以乱用。因为各地习俗迥异，相同的手势表达的意思不仅有所不同，还可能大相径庭。如在我国和某些国家认为竖起大拇指、其余四指内曲表示称赞夸奖，但在澳大利亚则认为竖起大拇指，尤其是横向伸出大拇指是一种污辱。英国人跷起大拇指是拦车要求搭车的意思。用大拇指和食指构成一个圆圈，其他三指伸直，就是"OK"的手势，这一手势在欧洲表示赞扬和允诺，特别在青年学生中广为流行。然而在法国南部、希腊、撒丁岛等地，它的意思恰好相反。在巴西，人们打"OK"这个手势表示的是"肛门"。阿拉伯人用两个小拇指拉在一起表示断交，吉卜赛人掸去肩上的尘土表示"你快滚开"。

由此不难看出，每种文化都有自己的"手势语言"。千姿百态的手势语言，饱含着人类无比丰富的情感。它在人际交往中有时能起到有声语言无法替代的作用。